QINGSHAONIAN

TUANJIE

XIEZUO

JINGSHEN DE

PEIYANG

青少年团结协作精神的培养

史毅军 编著

中国出版集团
现代出版社

图书在版编目（CIP）数据

青少年团结协作精神的培养 / 史毅军编著 . — 北京：现代出版社，2011. 9（2025 年 1 月重印）

ISBN 978 - 7 - 5143 - 0308 - 7

Ⅰ. ①青… Ⅱ. ①史… Ⅲ. ①品德教育 - 中国 - 青年读物②品德教育 - 中国 - 少年读物 Ⅳ. ①D432. 62

中国版本图书馆 CIP 数据核字（2011）第 146297 号

青少年团结协作精神的培养

编　　著	史毅军
责任编辑	张　璐
出版发行	现代出版社
地　　址	北京市安定门外安华里 504 号
邮政编码	100011
电　　话	010 - 64267325　010 - 64245264（兼传真）
网　　址	www. 1980xd. com
电子信箱	xiandai@ vip. sina. com
印　　刷	三河市人民印务有限公司
开　　本	710mm × 1000mm　1/16
印　　张	13
版　　次	2011 年 10 月第 1 版　2025 年 1 月第 9 次印刷
书　　号	ISBN 978 - 7 - 5143 - 0308 - 7
定　　价	49. 80 元

前　言

团结协作是一种美德。一个家庭如果没有团结协作，就不会有幸福与温暖。一个学校、一个单位如果没有团结友爱，就不会有群体的成功和荣誉。社会如果没有团结合作，就谈不上和谐发展。

随着社会的进步，经济的发展，物质的丰富，竞争的激烈，人们之间开始逐渐出现了一些不团结不合作的现象。而我们的中小学生，大部分是独生子女，难免有以我为中心的倾向，遇到问题往往不能协调自己和他人的关系，严重影响到他们将来在社会上的适应能力。在这种情况下，团结协作精神的培养刻不容缓。

培养团结协作精神，首先要在思想上充分意识到团结和协作的重要意义，同时在具体学习过程中，要正确处理团结协作和竞争之间的关系，要善于沟通，解决实际问题和冲突。

本书力图用比较浅显简单的故事、道理和方法，培养中小学生团结协作的精神，使其建立和谐的人际关系，进而形成良好的社会道德风尚。

目　录

团结协作中的竞争问题

团结协作中的沟通问题

团结协作的培养

团结协作从身边做起

团结的意义

团结就是力量

中国人历来有团结的传统。俗话说：“一个篱笆三个桩，一个好汉三个帮。”“三个臭皮匠，赛过诸葛亮。”说的就是这个道理。

一个好的班集体是全班同学一起造就的，没有大家的共同努力，想成为好的班集体是不可能的。

翻开历史长卷，我们都体会到了一种强大的力量——团结。刘邦重用张良、韩信、萧何，得以创建帝业；刘备重用诸葛亮、关羽、张飞、赵云，得以三足鼎立天下，宋江是一遇大事就手足无措，不知“如何是好”的主子，幸好有梁山一百多位兄弟“哥哥休要惊慌”的辅佐，才能占据八百里水泊；唐三藏的取经，没有孙悟空一路的降妖伏魔，猪八戒、沙和尚的鞍前马后，岂能取得真经，普渡众生？

帝王也好，好汉也罢，古今中外单凭个人的力量能称王的，没有见到过。只有团结协作、齐心协力才能最终成功。

还记得有这样一个故事吗？从前有四只羊，这四只羊聚在一起时，可以说是无隙可击，而如果是一只呢？打败它却是轻而易举。一天这四只羊一起来到一片绿茵茵的草坪上吃草。那儿住着一只凶猛的狼，这只狼早就盯上了这四只羊了。可是因为它每次想去吃那些羊时，那四只羊都相互帮助，形成一个团结的集体，令它无从下手。

有一天，这四只羊吃草时，有一只羊突然提出一个问题，它说："你们说我们谁的力量大一点呢？每次我们都是一起抵抗狼。"

它们都你争我吵地说："我。"

因为它们都好强，因此都说："如果有狼来进攻我们，我们各自和它战斗，谁能打败它就证明谁的能力最强，好吗？"四只羊都异口同声地答应了。

就这样，四只羊一只一只地被凶猛的狼吃掉了。因为这四只羊放弃了团结。

这个故事告诉我们一个哲理。如果这四只羊都不那么争强好胜，当狼来时能并肩作战，它们会败吗？所以我们青少年应该明白——团结就是力量。

团结就是力量，"兄弟齐心，其利断金"，战国时期的蔺相如和那负荆请罪的廉颇，一位文臣，一名武将，正是他俩齐心协力辅佐赵王，才使强秦不敢来犯。2003 年，当嚣张的"非典"病魔在神州大地上肆虐时，正是各方人士不计回报的辛勤工作，素昧平生的人们之间的互相帮助，才使我们共同击败了"非典"病魔。

团结就是力量，"人心齐，泰山移"，太行、王屋两座山，何其大。可是有愚公在，有愚公的子子孙孙在，太行王屋又何足挂齿？

团结就是力量，"积水成渊，集腋成裘"，在南泥湾开荒时，在党中央的号召下，三五九旅战士团结合作，这才有了"陕北的江南"。大到国家，小到集体，团结互助的精神不可少。

团结就是力量，"一根筷子易折断，十根筷子抱一团"，曹操家的自相残杀早已成为过去，迎接我们的是我们共同托起的太阳！

众人划桨开大船

《众人划桨开大船》是首歌唱团结协作的励志歌曲，其所用的劳动号子风格流畅有力。歌曲自 1993 年在中央电视台春节联欢晚会上首唱之后，旋即红遍大江南北，国人皆耳熟能详。

作词：魏明伦、王持久；作曲：陈翔宇；演唱：付笛声；创作年月：1993年1月。

歌词清新有力，含义深刻，全文摘录如下：

一支竹篙呀，难渡汪洋海；众人划桨哟，开动大帆船。

一棵小树呀，弱不禁风雨；百里森林哟，并肩耐岁寒……耐岁寒。

一加十，十加百，百加千千万；你加我，我加你，大家心相连！

同舟嘛共济海让路，号子嘛一喊浪靠边！百舸嘛争流千帆进，波涛在后，岸在前！

一根筷子呀，轻轻被折断；十双筷子哟，牢牢抱成团。

一个巴掌呀，拍也拍不响；万人鼓掌哟，声呀声震天……声震天！

同舟嘛共济海让路，号子嘛一喊浪靠边！百舸嘛争流千帆进，波涛在后，岸在前！

不团结的劝诫

三国时候，曹操逝世，权位的继承成了最大的问题。曹操儿子很多，影响较大的是：曹丕、曹植、曹彰、曹熊，继承人的问题备受群臣关注。

不久，他的长子曹丕即位，曹丕的弟弟曹植被封为丞相。

曹植很有才华，精通天文地理，说起朝中政事滔滔不绝且管治有方，因此在朝中很有威信，可谓是威震朝野啊！曹丕把这一切都看在眼里，心中的妒火油然而生，对曹植产生了怨恨之心，把他视为眼中钉、肉中刺，处处苦苦相逼。众臣在皇帝面前也说三道四，说什么朝中一日有曹植，宫内鸡犬不宁，如他日造反，图谋篡位，岂不为宫中一大害？不如先下手为强，斩草除根，以免日后夜长梦多。曹丕听信了谗言，决定即日动手。正赶上一桩造反的事，曹丕认定曹植为主谋，正午时分，曹丕传弟弟曹植到池厅边相见，曹植一到，就被早埋伏好的卫队挥刀截下。见到曹丕，曹植道："吾兄传我有何贵干？"曹丕道："宫中造反一事，想必曹丞相听说了吧，吾登皇位你怀恨在心，这事是否你主使的?”曹植长叹一声，道：“吾兄疑我造反，谋你河山篡你朝位！这罪行可不敢担当，请吾兄明察秋毫。”曹丕不好推辞，只得说：“好，看在你我兄弟的情谊，我命令你在七步之内作出一首诗，不然，休怪我大义灭亲了。”“好办好办，若我不能在七步内作诗一首，任凭你处置。”曹植胸有成竹地说。“爽快！爽快！咱俩一言为定。”曹丕说完，便迈出了第一步，突然，他闻到了从远出飘来的阵阵煮豆的香味，灵感一来，借物抒情，还没有走完七步就作下了这首脍炙人口的诗：

“煮豆燃豆萁，豆在釜中泣。本是同根生，相煎何太急?”

作完，曹植对曹丕说：“我们虽有君臣之分，但毕竟是骨肉相连，何必苦苦相逼?手足相残?我无意与你权利相争，无论谁是君主，我都会忠贞不二地跟随，毫无怨言！明枪易挡暗箭难防。若你要杀我，轻而易举，何必大费周章，先父在九泉之下是不能瞑目的呀。”曹丕听了，被驳得无话可说。曹丕明白了曹植这首诗的道理：如果自己杀了曹植便会被世人耻笑，于是便放了曹植，最后仍不放心，将其贬为安乡侯。

曹植的这首七步诗，纯以比兴的手法出之，语言浅显，寓意明畅，毋庸多加阐释，只需于个别词句略加疏通，其意自明。“萁”是指豆茎，晒干后用来作为柴火烧，燃烧萁而煮熟的正是与自己同根而生的豆子，比喻兄弟逼迫太紧，自相残害，实有违天理，为常情所不容。诗人取譬之妙，用语之巧，而且在刹那间脱口而出，实在令人叹为观止。

“本是同根生，相煎何太急”二语，千百年来已成为人们劝诫避免兄弟阋墙、自相残杀的普遍用语，说明此诗在人民中流传极广，成为家庭不团结的一个劝诫。

一个团结就是力量的传说

从前，有一个少数民族国家叫做吐（tǔ）谷（yù）浑（hún）。吐谷浑，亦称吐浑，中国古代西北民族及其所建国名。本为辽东鲜卑慕容部的一支。西晋末，首领吐谷浑率部西迁到枹罕（今甘肃临夏），后扩展，统治了今青海、甘南和四川西北地区的羌、氐部落，建立国家。

吐谷浑地处青海高原，以畜牧为主。白兰山出黄金、铜、铁，金属冶炼也比较发达。位于中西交通要道，商队曾东至长江和黄河下游，西达波斯，南抵吐蕃、天竺。

吐谷浑有一位国王叫做阿豺，生有20个儿子。他这20个儿子个个都很有本领，难分上下。可是他们自恃本领高强，都不把别人放在眼里，认为只有自己最有才能。平时20个儿子常常明争暗斗，见面就互相讥讽，在背后也总爱说对方的坏话。

阿豺见到儿子们这种情况，很是担心，他明白这种不睦的局面对国家的危险。阿豺常常利用各种机会和场合来苦口婆心地教导儿子们停止互相攻击、倾轧，要相互团结友爱。可是儿子们对父亲的话都是左耳朵进、右耳朵出，表面上装作遵从教诲，实际上并没放在心上，依然我行我素。

阿豺的年纪一天天老了，他在想自己死后，儿子们怎么办呢？再没有人能教诲他们、调解他们之间的矛盾了，那国家不是要四分五裂了吗？究竟用什么办法才能让他们懂得要团结起来呢？阿豺越来越忧心忡忡。

有一天，阿豺预感到死神就要降临了，他把儿子们召集到病榻跟前，吩咐他们说："你们每个人都放一支箭在地上。"儿子们不知何故，但还是照办了。

阿豺又叫过自己的弟弟慕利延说："你随便拾一支箭折断它。"慕利延顺手捡起身边的一支箭，稍一用力，箭就断了。

阿豺又说："现在你把剩下的19支箭全都拾起来，把它们捆在一起，再试着折断。"慕利延抓住箭捆，使出了吃奶的力气，咬牙弯腰，脖子上青筋直冒，折腾得满头大汗，始终也没能将箭捆折断。

阿豺缓缓地转向儿子们，语重心长地开口说道："你们也都看得很明白了，一支箭，轻轻一折就断了，可是合在一起的时候，就怎么也折不断。你们兄弟也是如此，如果互相斗气，单独行动，很容易遭到失败，只有20个人联合起来，齐心协力，才会产生无比巨大的力量，可以战胜一切，保障国家的安全。这就是团结的力量啊！"

儿子们终于领悟了父亲的良苦用心，想起自己以往的行为，都悔恨地流着泪说："父亲，我们明白了，您就放心吧！"

阿豺见儿子们真的懂了，欣慰地点了下头，闭上眼睛安然去世了。

折箭的道理告诉我们：团结就是力量，只有团结起来，才会产生巨大的力量和智慧，去克服一切困难。

关于团结的哲学课

什么是团结？让我们来看看下面一位成人的一段自述。

大学时候，曾经有位哲学老师向我们阐述团结的定义。当时，老师在黑板上画了两个圆形，说我们每个人就是一个圆滑得滴溜溜的球，要想让两个球贴合在一起，也就是想要团结的话，只能将两个球各削掉一部分。老师说着擦掉了两个圆形的一侧，这样就有了接触面，两个圆形就能紧贴吻合了。所以老师告诉我们团结的定义就是双方都要做出牺牲，削掉你那部分圆，否则两个球是贴合不上的。

后来我去合资公司上班，还念念不忘团结的定义。我所在的业务组有位大姐跟我一起，有天大姐为一笔订单和我有点不太愉快的争执。

按规定那位客户是属于我的，但是有两天公司的电脑脾气不好，将客户资料弄得丢三落四，等电脑修好时好些我的客户就易主到大姐的名下。

在我们争吵时香港老板大手一挥，这笔订单我就和大姐对半开了。

显然香港老板不理解团结的真正定义。虽然我和大姐都做出形式上的牺牲，都被削掉了一半，但我俩根本就不可能团结，相反都恨死了对方。我俩都认为自己囫囵完整的利益硬是被对方给瓜分了。那以后我们连对方的影子都不愿看到。

两个月后由于一次偶然的机会，我们小组齐心协力赢得了一个竞争对手的一大笔订单。庆祝会上同事们都喜气洋洋，大姐居然也前嫌尽弃地和我频频碰杯，大家其乐融融，一派团结友好的歌舞升平之象。

我那天也喝得微醉，微醉中我想到我们的那个竞争对手现在一定很惨。

我忽然明白了，在当今，一切讲究利益和效益的社会，团结的定义似乎应该修改。因为牺牲我们自己的利益并不能使我们在利益基础上团结，所以应该是齐心协力打败别人，从别人那儿切一块来贴补到我们身上，也就是说在某些时候战胜别人才能真正促进我们的团结……

想明白这个道理我就赶快翻电话本要给哲学老师打电话，可怎么也找不到他的电话了。

孤胆英雄的悲哀

有一天，《动物世界》正在播放角马大迁徙的壮观画面：

只见在非洲大草原上，上百万头的角马连绵数十里，它们嘶叫着咆哮着，声震四面八方，势如排山倒海；马蹄飞扬，卷起了漫天黄沙，蔚为奇观！

突然电视画面上出现与这浩浩荡荡的迁徙画面极不相称的一幕：

四只不怀好意的猎豹正伺机猎杀角马。它们终于找到了角马的安全漏洞，发现角马行进的队伍比较松散，于是就选择了一头角马作为攻击对象，它们迅速分散开来，分别从四个不同的方向，向这头角马迅猛地包抄了过去，生生地将这头角马与角马群割离开来。

一只个头最大的猎豹用它那强大的双颌咬住了角马的腿，任凭角马拖着它跑，却死也不松口，第二只猎豹追上来，也死死咬住了这头角马的腰部不放，第三只、第四只猎豹也分别咬住了角马的不同部位。

时间一分一秒地过去了，这只角马负痛顽强地搏斗着，虽然在它的身旁，就是同类的百万大军，它们中或许有的是听到了呼救声，侧过头看了一眼受伤的角马，虽然也流露出同情的目光，但并未停下脚步；有的或许是自己发现了同伴正在经历着生死搏斗，停了下来，看着同伴正在遭受危险却不知所措，只好茫然地跟着大部队呼啸而去。

这只角马由于失去平衡，终于摔倒在地，观众的心也为之一紧，心想：可怜的角马，这下凶多吉少了。可是它并没有被拖垮，它不停地反抗着，用头顶，用角扎，用脚踢，终于寻着机会站立了起来。

但生性好斗的猎豹不会轻易放弃到手的猎物，它们再次组织了强有力的攻击，角马也再次倒在了地上，观众的心也完全地被悬了起来，心想：可怜的角马，这下在劫难逃了，寡不敌众，会被猎豹这种独特而残忍的方法拖垮了。

可结局出乎意料，这头角马并没有成为猎豹们口中的美餐，因为求生的本能化作了顽强的意志，使它在危机重重的情况下始终没有放弃生的希望，凭借它那不凡的耐力，一只、两只……终于挣脱了猎豹的撕咬，带着累累伤痕跑向了自己的大部队。

我们再来看一看故事中的双方主角的简介，一定会给你我以强烈的触动：

猎豹：外形似豹，凶猛好斗，喜欢独处。但身材比豹瘦削，四肢细长，趾爪较直，不像猫科动物那样能将爪全部缩进；体长120~130厘米，体重约30千克；尾长约76厘米；肩高75厘米，头小而圆；全身毛色淡黄并杂有许多小黑点；猎豹是奔跑最快的哺乳动物，每小时可达120千米。大自然赐予了它们无与伦比的速度，却没有同时赐予它们耐力。现分布于非洲。

角马：生活在非洲东南部开阔的草原上，相貌奇异，生性温和，喜欢群居。它的背上披着马一样的鬃毛，还有一条马一样的尾巴；体粗大，体长1.5~2.0米，尾长35~55厘米，肩高1~1.3米，成体体重230~275千克；奔跑速度虽不及猎豹那样快，但大自然赐予了它们力气与耐力，头上还长着又尖又硬的对角，分向两侧再向上弯曲成钩状，形状似公牛角，外貌十分凶猛。

这一场生与死的较量，充满了哲学的意蕴，从中我们看到了强或弱都是相对的，但团结就是力量，这是绝对的。

这头角马是好样的，一个对四个，孤军搏斗，虽然两度陷入了绝境，但精神没有垮掉，意志始终坚强，虽然伤痕累累，但它并没有输，因为它活着回来了，活着就是希望；这头角马也是幸运的，试想一下，倘若猎豹增加到五只、六只，甚至更多，它还能逃脱被吃掉的噩运吗？可怜的角马，它虽然是至情至性的孤胆英雄，但你们必须知道：团结才有力量，团结带来希望，团结更能体现你们的优势。

这些猎豹是好样的，虽然论个头只是角马的八九分之一，论力气、论耐力都远不及角马，若与角马单打独斗，绝不是角马的对手。但它们敢于向角马发动攻击，因为它们善于团结，又善于发挥行动灵活、擅长奔跑的特点，差一点就使角马成了它们的美味。

但我替角马感到悲哀，虽然父母遗传给了你强健的体魄与非凡的耐力，但你的父母与老师不懂得团结的道理，不懂得教育孩子们团结就是力量，团结就有希望的道理；一只角马足以战胜一只猎豹，十只以上的角马团结起来就足以戳死一头狮子；面对猛兽，他们选择了胆怯地退缩，选择了各自逃脱，而任由猛兽将同类中倒霉的家伙吃掉。

猎豹们应该感到庆幸，虽然你没有生就一副高大的体魄，也不具非凡的耐力，但你继承了勇敢的品德，从父母与老师那里获得了狩猎的智慧，更得到了父母与老师的真传：团结就是力量，团结就有希望。于是你们有了智慧，有了团结的精神，敢于向强敌挑战，在强敌面前能以多胜少，各个击破，化险为夷。

青少年朋友，当你读了以上的故事，你是否有同样的感触呢？

团结力量大无边

中央曾经发布《公民道德建设实施纲要》的指示，把“团结”作为公民基本道德规范的一项要求。团结是人们在意志、行动、情感上的和谐统一；团结不仅是口号，它所具有的凝聚力和向心力能发挥无比巨大的作用。

在我国新疆天山的冰川附近，生长着许多雪松和云杉。这里有一个奇怪的现象：几乎所有的雪松树梢都被风折断，而云杉却大都安然无恙。从木料材质来讲，雪松比云杉坚韧得多，应该更能抵御狂风才对，为什么反而是它们被折断了呢？

科研考察队员经过仔细观察发现了其中的奥秘。雪松在高原上大都是孤立的，即使成林也稀稀落落。大风一来，就把它们压倒折断了。而云杉大都是成林的，密密地站在一起。风来的时候，它们一起组成一面强大的防风墙，再大的风也对它们无可奈何。团结的力量实实在在。团结，使柔弱的云杉战胜了风暴，赢得了胜利。

人生活在社会之中，是具有群体性和社会性的，团结是人类求得生存与发展的必不可少的元素。随着社会的进步，自觉团结成为一种传统美德。在中华民族的历史上，一直以团结为贵，以团结为荣。《孟子》曰："天时不如地利，地利不如人和"，《国语》中也有这样的话："同德则同心，同心则同志"。历史一再证明，只要中华民族拧成一股绳，就繁荣兴盛，而如果分崩离析，则民不聊生。

团结的力量是号召力，它动员人们振作精神、心怀希望、勇往直前；团结的力量是巨大的精神支柱，它鼓励人们乐观勇敢地对待困难和失败。中华各个民族之间要团结，全党全国人民要坚定不移地团结在党中央的周围，共同发展我们的社会主义现代化建设事业，这已经成为社会发展进步的客观要求；同事要团结，邻里要团结，家庭成员之间也要团结，这也是大家努力营造美好和谐的人际关系和社会氛围的共同心愿。团结让人们心往一处想，劲往一处使，团结让人们互帮互助互谅互爱，能让整个社会充满力量和温情。1998 年的抗洪斗争，人们至今记忆犹新。它再次向人们昭示了一个颠扑不破的真理：团结就是力量！在那段艰苦的日子里，抗洪前线的军民，手挽手、肩并肩，硬是筑起了一座钢铁长城，锁住了洪水，保住了大堤。在抗洪大军的身后，12 亿多中国人民组成了更为壮观的大团结场面，展示了中华民族团结一心、不可战胜的伟大力量。

反观不团结的后果，轻则分散精力，影响情绪，重则会贻误个人和国家的事业。在工作中，同事之间如果没有团队合作精神，就会闹矛盾，搞内讧，这样单位的效益就无从谈起，对个人也没有任何好处。生活中的互帮互助更应体现在各个细节上。有报道说，某地一居民楼曾经常失窃，后来，派出所抓住了窃贼，小偷招供：这居民楼住户都自顾自，有了动静谁都不敢吱声，所以我就经常光顾。看，邻里不团结不互助，连小偷都气焰嚣张，真是害人害己。

团结的力量实实在在。讲团结，就要从我做起，从身边小事做起。

团结起来，共渡难关

大海之所以波澜壮阔，是因为它汇聚了千百万条河流；大山之所以高高在上，是因为它凝聚了千万块巨石；大漠之所以广袤无边，是因为它团聚了千万颗细沙。这就是团结的力量，团结凝聚成伟大，团结生成力量，团结同样闪耀着人性的光辉。

2010年，一系列的词语拥入我们的眼球，“云南”，“四川”，“大旱”，“王家岭”，“透水”，“八天八夜”，“4月14日”，“青海玉树”，“7.1级地震”……一系列的词语冲进我们思维，使我们手忙脚乱。

天灾无情，人有情。2010年，我国四川、云南等地变成了人们讨论的焦点，因为云南、四川等地遭遇了百年不遇的干旱灾害，近一年滴雨未下，不仅耕地用水耗尽，连人们的日常生活用水也非常紧缺。可是，那些被灾难折磨的人们团结了起来，他们日夜不眠地寻找水，一人休息，几个人顶上，几个人下来，几十个人再顶上去，终于，他们在大山的岩洞里找到了生命之水，他们团结起来拯救了自己。

王家岭透水事故，在路上的救援人员为地下的矿工打开生命之门时，又一次地将奇迹展现在世人面前，八天八夜，那些被困的矿工在水中生活了八天八夜，没有光明，没有食物，可是他们依旧坚持，在获救矿工口中得知，他们在地下，吃树皮，喝透下的水，可是他们却没想过放弃，他们团结，他们在地下分工明确，是谁去找寻出口，带领大家，是谁去保护那唯一一盏昏暗的矿灯，他们互相鼓励，互相加油，是团结使他们创造了奇迹。

2010年4月14日，青海玉树发生7.1级地震，又一次悲剧的重现，可这一次，人们没有慌，而是坚强地、有序地进行救援，而国家也在地震发生十分钟后便组织了救援队伍，准备了救援物资。他们合力救出了一个又一个的人，那些在为他人的生命苦苦坚持，努力奋斗的人，与受灾人员都是毫不相识的陌生人，可是灾难让他们团结在一起。终于，被救人数在一点一点增加。团结，给了他们生的力量。

灾难压得倒房屋，压不倒中国，压得倒钢筋铁板，压不折我们的脊梁。让我们团结起来，手挽着手，心连着心，大声喊：灾难，你并不可怕，团结起来，我们会把你战胜，明天依旧阳光灿烂。

动物也有团结的智慧

因为精诚团结而取得胜利，因为各自为政而惨遭失败的事例绝非少见。即便是在动物世界，团结的精神也令人叹为观止。

青少年朋友，当读完以下两则故事后，相信这种感触一定会得到进一步的加强。

有人曾做过这么一个实验，把七八只黄蜂同时关进一个密封的小木箱里，几天以后打开木箱，发现木箱的四壁多出了七八个小洞，每个洞里各有一只死去的黄蜂，而这些小洞，最浅的也已超过了木板厚度的一半……

有人发现过这样的一个奇迹，江水撕开了江堤，平地成了汪洋泽国，一个黑球正顺着波浪漂过来，虽然一沉一浮，但这个黑球还是向着岸边漂来。原来这是一个小足球大小的蚁球，黑糊糊的蚂蚁，密匝匝地抱在一起。蚁球靠岸了，然后一层层分开，它们战胜了死亡。

倘若那些黄蜂，在危险境地能够团结合作，当一只黄蜂在同一个位置“钻”上一段时间后，累了，另一只黄蜂接着上阵……那么，木箱就可以轻易地被钻开个口子，最后黄蜂们一起走出绝境。

倘若那些蚂蚁，在惊涛骇浪面前，不能抱成一团，而是各顾各的，那么等待它们的只能是葬身汪洋，不可能有生的希望。哈哈，这里是团结的力量救了蚂蚁一命。

难怪有人感言：什么是地狱？地狱就是各顾各的，最后，只能共同陷入深渊而不能自拔；什么是天堂？天堂就是“人人为我，我为人人”，团结奋进，从险地走向光明。

由此，我们可以得出结论：团结不团结，关乎一个家庭的兴旺发达，关乎一个事业的发展壮大，关乎一个民族的长盛不衰，关乎一个国家的长治久安。可见，对青少年进行团结精神的教育，实在是一种不可或缺、十分重要的教育，进行这种教育，对家长对教师都是不可推卸的责任。

孩子们只能从小开始，从家庭开始，特别是在学校这一教育圣地接受团结精神的系统教育，才能在孩子的心中烙下恒久不变的团结的情结。当他们长大后就能在困难面前挺身而出、战胜困难，在危险面前挺身而出、化险为夷。

不团结的中国人是丑陋的

20 世纪 80 年代，曾经有一本专讲中国人“丑陋”的书，不少青年人怀着好奇心，竞相阅读，曾经流传了一阵子。书中说中国人聪明，而且很聪明，单个中国人同单个外国人比，一定胜利；而几个中国人一起同外国人比，则必败无疑。原因在于中国人不团结，一盘散沙。用我们的话说，就是缺少集体主义。

这本书的作者就是柏杨。柏杨，原名郭定生，改名郭衣洞，笔名柏杨。1920 年生于河南省辉县市，2008 年 4 月 29 日逝于台湾台北市。1968 年因刊出一张漫画触怒台湾当局，被定以“侮辱元首”等罪名，被捕入狱，身居囹圄九年多，在狱中，他坚持完成了《中国人史纲》《中国历代帝王皇后亲王公主世系》《中国历史年表》等书稿。主要从事小说、杂文写作，著有《丑陋的中国人》《酱缸震荡》等，引起海内外的强烈反响。曾被列为台湾十大畅销作家之一。他的一生可以用一句话形容：“一生传奇经历，一世著述颇丰。”

《丑陋的中国人》是台湾著名作家柏杨先生以“恨铁不成钢”的态度，强烈批判中国人的“脏、乱、吵”、“窝里斗”、“不能团结”、“死不认错”等，指出中国传统文化有一种滤过性疾病，使我们的子子孙孙受感染，到今天也不能痊愈。主要内容是批判中国人的劣根性。

下面摘录柏杨先生《丑陋的中国人》之一节，以飨读者。

任何一个社会和任何一个人，多少都有点崇拜权势，但似乎从没有一个社会和从没有一个民族，像中国人对权势这么癫狂和这么融入骨髓。任何一个社会和任何一个人，也多少都有点自私，但同样地也从没有一个社会和一个民族，像中国人这么自私到牢不可破。这话听起来有点愤世嫉俗，说出来也觉得危机四伏，可能惹起爱国裁判大怒，乱吹哨子。不过理是应该说的，不是应该怒的。

有一种现象大家无不乐于承认，那就是，中国同时也是一个很聪明的民族，身在番邦的中国留学生，无论留日的焉，留美的焉，留英的焉，留法的焉，学业成绩，差不多都比该本国学生拔尖。辜鸿铭先生在英国学海军，他的分数远超过日本留学生伊藤博文先生；蒋百里先生在日本学陆军，学科兼术科，都是该期第一名；日本人那时候比现在还要小气鬼，忍受不了外国学生的优越成绩，才把他阁下挤下来。这些是远例，近例最惊天动地的，莫过于围棋大王吴清源先生和围棋小大王林海峰先生，在日本本土，横冲直撞，所向披靡，固然是日本棋坛的优美环境所致，但更是中国人的先天智能所致。如果一定说中国人的聪明远超过洋大人，似乎吹牛，但至少有一点，中国人的聪明绝不亚于洋大人。——中国同胞沾沾自喜，当然没啥争议，就是洋大人，甚至三K党，都不能说中国人聪明差劲，大不了说中国人群体差劲。洋朋友往往把中国人叫做东方的犹太人，当然是轻蔑，但同时也是一种敬意和畏惧。犹太人最惹人咬牙的不过一毛不拔罢啦，而其他方面的贡献，若宗教，若科学，若艺术，无不震古烁今。试看世界上经济大权，不是握在犹太朋友手中乎？基督教的开山老祖耶稣先生，不就是犹太人乎，现代科学巨星爱因斯坦先生，不也是犹太人乎。

中国人是聪明的，但这聪明却有一个严重的大前提，那就是必须“一对一”，在个别的较量中，一个中国人对一个洋大人，中国人是聪明的，好比说吴清源先生和林海峰，单枪独马，就杀得七进七出。可是一旦进入群体的较量，两个中国人对两个洋大人，或两个以上的中国人对两个以上的洋大人，中国人就吃不住兼顶不过。孙中山先生曾感叹中国人是“一盘散沙”，呜呼，用中国的一个沙粒跟洋大人的一个沙粒较量，中国的沙粒不弱于洋大人的沙粒，但用中国的一堆沙粒跟洋大人一堆沙粒做成的水泥较量，水泥可是坚硬如铁。

一盘散沙的意义是不合作，我们说不合作，不是说中国人连合作的好处都不知道。噢，不但知道，而且知道个彻底。酱缸蛆先生忽然发了罡气，他能写上一本书，引经据典，大批出售古圣古贤以及今圣今贤关于合作的教训。柏杨先生如果也发了罡气，我同样也能引经据典写上一本书——不但写上一本书，简直能写上一火车书。但问题是，不管经典上合作的教训如何茂盛，那些教训只止于印到书上，行为上却不是那么回事。

我们是否真的不团结

柏杨先生说的没错，不团结的中国人再怎么聪明也是丑陋的。但实际上中国人全是这样吗？现实如何呢？

记得当年大兴安岭特大火灾发生时的情景吗？《人民日报》记者是这样报道的：

灾区邮局成了人的感情和信息交流的中枢。

“请接受八个厦门特区人的心意”（捐款800元）。

“向灾区儿童表示亲切慰问。钱虽少，却是我们全班少先队员的一颗心”（捐款11元5角）。“我的全家向灾区亲人问候”（捐款100元）。

在署名为“北京一小伙”的伍元汇款单上写着：“祝你们在抗灾中创造奇迹！”

火灾中一处幸存的个人经营的“向阳旅店”，大火过后，店门大开，店主人把无家可归的灾民请进房中，热汤热炕，热茶热饭，天天如是，从未收过一分钱。

和“向阳旅社”相距不远的赵玉林家，先后住进了50多口灾民。记者于5月底走进这间小院时，还有4位“长驻灾民”。他们说，这个“大家庭”已不分主客，“除了房子，赵玉林已和我们一样，全自愿共产了”。而且，每天还有许多人在这儿“借吃”，随到随饱，最多时，这“家”的妇女们要做上12顿饭。他们说：“这时候还分你我，那太没人味，”请再看看上海《青年报》记者的现场采访：

在这场大火中幸存下来的一些有房屋的家庭，现在已成了大家的家庭，大家都是这些在废墟边幸存下来的房屋的主人，只要是屋子里有的东西，你要借用，已无需与真正的主人打招呼了，拿来用了就是。

一把菜刀，几户共用，你切完了菜，我切，我切完了。再转给他。油盐酱醋，米罐、蔬菜等，都已经分不清主权属谁。

灾后的第三天，县城里就来了推车卖蔬菜的。开始，人们不敢问津，唯恐他们抬价。终于，有人上前问价。出乎意料，没抬价，还降了价。卖菜的说："这个时候抬价，太缺德了，我不会干这种事。"

"丑陋的中国人"能这样么？曾经"一盘散沙"的中国人，在中国共产党的领导下，在社会主义制度下，有共同的理想、共同的信念、共同的道德标准，产生了一股强大的凝聚力，人与人之间形成了团结友爱的关系，"一人有难，八方支援"。"大火无情人有情"，大火吞噬了森林、房屋……，但大火锤炼了人们。人与人之间的关系在大火中得到了升华，成了人们抵抗不幸、战胜灾害的精神支柱。灾区处处闪耀集体主义的光辉。

世界之大，可以分解成两个基本因素：你、我、他。世界上的许多事情，也无不取决于你、我、他。例如救火，你救，我救、他救，大火扑灭了。在困难面前，你帮我，我帮他，他帮我，困难克服了。你、我、他心往一处想，劲往一处使，就会产生很大的合力，就能创造出奇迹。反之，如果人人只知有我，不知你、他，"各人自扫门前雪，休管他人瓦上霜"，事情就不好办；对"我"来说，也不妙。奥斯特洛夫斯基说过："利己的人最先灭亡。他自己为自己而生活，如果他没有了这个'我'，那他就无法生存了。"

国家利益、集体利益和个人利益相结合，个人利益服从国家利益和集体利益，这是我们调整个人和社会集体关系的根本指导原则。马克思指出："只有在集体中，个人才能获得全面发展其才能的手段。"所以，教育家马卡连柯说："我们的教育任务，在于培养集体主义者"，"没有在集体中的专门练习，是不可能培养共产主义的意志、共产主义的勇敢和共产主义的理想。"大兴安岭的森林大火是一件坏事，但灾民们的行动，却给我们上了一堂生动的集体主义课。它体现了社会主义制度的优越性，也是我们党长期进行教育的结果。灾民们自信地说："只要活着，什么都会有。"他们的力量哪里来？"人的巨大精神力量就在这里——觉得自己是在友好的集体里面。"（奥斯特洛夫斯基）

现在，我们青年人都生活在"友好的集体里面"，那么，我们应当为集体做些什么呢？想来每个人是会作出正确的答复的。

团结不是一团和气

在《现代汉语词典》中，"团结"有两条解释：一条是"为了集中力量实现共同理想或完成共同任务而联合或结合"；一条是"齐心协力、结合紧密，和睦"。文本解释得很明确，但在现实生活中，团结却时常被误解和曲解。因此有必要正本清源，厘清团结的内涵和外延。

团结不是千篇一律。我国正处于社会转型时期，新兴的阶层不断涌现，各种社会矛盾不断凸显。每个群体都在寻找合适的途径表达民意诉求，如果一味苟同，不听取不同的声音，则会使矛盾和问题潜伏下来，最终在更大的范围和程度上损害团结。团结要以理解为前提，信任为内核，促进一个地方的发展为基础，通过各种不同意见之间的相互碰撞、砥砺、交锋达到社会内部的和谐、合作。必须不抓辫子，不扣帽子，不打棍子，广开言路，求同存异，通过真诚的提醒、善意的批评和理直气壮的斗争，在激烈的交锋中达成共识，在各种不同利益的诉求中寻找平衡。

团结不是一团和气。以和为贵不能不分是非，没有原则，对错误的思想、观点和行为也不表态，不批评，不制止。对于损害共同政治基础和群众利益的言论和行为，不能听之任之，放任自流，而是要以合适的方式批驳纠正，激浊扬清。团结需要的是敢于犯颜直谏的魏征，而不是指鹿为马的赵高。那种听不进不同意见，不敢接受监督，以表面的"和"来掩饰潜在的"不同"的做法，最终只能导致更大的不团结、不和谐。廉价的表扬，放弃原则的一团和气，实际是对团结的破坏。

古人讲君子之交“和而不同”，就是团结但是保持各自的观点和意见。宋代的朱熹和陆九渊的“鹅湖之会”就是这么一个经典。

朱熹和陆九渊都是南宋时期著名哲学家、教育家。朱熹（1130 ~ 1200年），字元晦，徽州婺源（今属江西）人。他博览群书，一生勤于著述和讲学，在经学、史学、文学、乐律以至自然科学方面都有不同程度的贡献。他所注解的《四书集注》，被南宋以后的朝廷视为解释儒家经典《论语》、《孟子》、《大学》、《中庸》（即“四书”）的权威，定为学生的必读书目和科举考试的蓝本。陆九渊（1139 ~ 1193 年），字子静，号象山，江西抚州金溪县人，因曾在江西贵溪象山讲学，后人大都称他“象山先生”。他虽然做过几年地方官吏，但一生致力于做学问。

作为哲学家，朱熹和陆九渊两人的观点有很大的分歧。朱熹主张“理学”（即客观唯心主义），陆九渊主张“心学”（即主观唯心主义），双方各持己见。为了明辨谁是谁非，争夺“正统”地位，他们通过各种间接或直接的方式曾进行过激烈的争论。其中，最著名的一次辩论要算是“鹅湖之会”了。

1175 年 4 月，著名学者吕祖谦为了调和朱陆之间的矛盾分歧，邀请朱熹和陆九渊在江西信州鹅湖寺（在今江西铅山县）相会，与会者还有当时的一些著名学者，如陆九渊的兄长陆九龄等。在“鹅湖之会”上，朱熹和陆九渊就“为学之方”进行了激烈的辩论。

朱 熹

朱熹明确地提出了自己的看法：“一个人要明白道理，必须多读书，不读书则难以明事理。”陆九渊针锋相对地提出：“道理存在于人们的心中，应该先注重人的内心的自我反省，不然，书读多了反而糊涂。”朱熹不赞成陆九渊的观点，对陆九渊说：“学习不破万卷书，怎么能掌握知识、明白事理？怎么能在求学、修身方面有长进呢?”陆九渊反驳说:“书籍堆积如山,读不胜读,要掌握事物的道理,必须先发掘人的本心,然后才能去博览群书!”他进一步反问朱熹,说:“尧舜之前何书可读呢?”意思是说,尧舜之前虽然没有书读,但同样出了像尧舜这样的大圣人,可见,发掘人的本心,加强自我反省比读书更重要。“鹅湖之会”两人辩论了3天,最后还是各有各的道理,谁也说服不了谁。

值得赞扬的是,两人虽然思想见解不同,却没有妨碍他们之间的友谊,甚至两人互拜为师,取长补短。他们两人从来没间断过书信来往,在书信中,他们既争论问题,又向对方请教,相互探讨切磋学术问题,互相取长补短,两人结下了深厚的友谊。

鹅湖之会

后来,朱熹在庐山主持白鹿洞书院,1181年春2月,陆九渊到南康(今江西星子)拜访朱熹,并请朱熹为其兄陆九龄写墓志铭。朱熹邀请陆九渊到白鹿洞书院讲学。九渊欣然应允。他的讲题是《论语》中的“君子喻于义,小人喻于利”两句,他指出:“今人读书便是为利。例如,中举之后又要做官,做官之后又要升迁,从少到老,从头顶到脚跟,做什么事都为了利。”由于陆九渊讲学言辞恳切,说理透辟,切中时弊,听众中有感动得流泪的。朱熹对陆九渊的讲学非常满意,认为切中当时学者们的痼(gù)疾,并特地请他写成讲义,刻在石碑上,立在书院门口,作为对他的学生的训诫。

朱熹与陆九渊虽然学术思想各异,却能相互尊重,既相互争论,又相互学习,团结合作,友好往来,成为历史上的美谈。

团结不是违背原则

某班级的两个同学碰在一起，经常说："我们二人是哥俩好，就像兄弟一样，穿一条裤子，方方面面没有任何矛盾，团结嘛!"

有一次，一个同学又气咻咻地抱怨："要不是为了团结，我肯定要坚持我自己的想法。"原来，在讨论一项重要活动时，这位同学的正确意见与班长不合，而他却为了所谓的"班子团结"，违心地放弃了自己的主张。

随着团结理念越来越深入人心，团结之风劲吹城镇山乡，人们正在为构建民主法治、公平正义、诚信友爱、充满活力、安定有序、人与自然团结相处的社会而付出辛勤的努力。然而一段时间以来，似乎有人对团结的含义存在着一种理解上的片面、认识上的误区，以为一讲团结，就是要你好我好大家好，逢人点头哈腰，开口一团和气，闭口嗯嗯啊啊，正确的不敢坚持，错误的不敢反对，不是和稀泥，就是走中庸路线。

其实，团结不是不要原则。不讲原则，不讲是非，放弃的是正确的观点，助长的则是歪风邪气。不可否认的是，现在有些人之间，见面"哈哈哈哈"，坐下"一致同意"，没有一点批评与自我批评，完全是一个鼻孔出气。我们知道，只要干工作，就不可能会没有不同意见，没有争论。所以说，"穿一条裤子，工作上没有任何矛盾"的事是不可能出现的，除非一方一味地迁就、盲从，而为了所谓的"团结"而放弃自己正确的意见，是极不负责的表现。

古人提出"和为贵"，"天时不如地利，地利不如人和"，同时又提出"和而不同"、"求同存异"等。很明显，古人的"和"，不是不分是非、不分曲直、不分对错，不是要人随波逐流，同流合污，而是要"和而不流"，也就是说要讲原则，讲立场，讲观点。如果沆瀣一气，臭味相投，那就成了小人之"和"，拉帮结派、党同伐异、狼狈为奸。举个简单的例子，王安石和苏轼二人，在人格上互相倾慕，在文章上互相景仰，但苏轼却是王安石变法的最激烈的反对者。这就是"君子和而不同"。

我们应该明白的是，以人云亦云、好歹不分、良莠不辨换来的所谓的“团结”，是庸俗市侩，是利益均沾，是权力分配；以做“和事老”，奉行好人主义，怕得罪人，不敢坚持正确意见而换来的“团结”，是明哲保身，是怕挑担子，是得过且过。这些人“腰里挂算盘”，凡事只替自己打算。这种“团结”虽说有时能够获得短暂的“风平浪静”，但暴风雨或迟或早总会爆发。我们还要防止的是，如果谁有一点意见，就被戴上不讲“团结”的帽子，扣上破坏“安定团结”的罪名。

团结不是回避矛盾。我们知道，社会进程中，人类生活里，矛盾无处不在，冲突无时不有。讲团结，并不是要发现困难绕开，看见问题躲着，碰到矛盾走远。

时下，有人张口闭口回避矛盾，似乎一谈到有矛盾，就破坏了“一团和气”的氛围。我们为什么要提出构建团结和谐的社会？就是因为社会生活中，存在着这样或那样的不团结因素，需要用公平和正义去解决矛盾，消除不公。正因为有不团结因素存在，我们才大力提倡团结。提倡团结，不是提倡如何回避矛盾。回避矛盾，只能使矛盾越积越多，越积越大，最后难以收场。

对待矛盾，我们要有正确的认识。没有矛盾，就没有发展，就没有变化；没有矛盾，社会就会停滞不前。有了矛盾，有了差异，我们才会去寻求解决矛盾的办法，找出消除差异的手段。看到矛盾，正视矛盾，千方百计解决矛盾，才能达到团结、和睦。如果一发现矛盾，一出现问题，不去积极想办法加以解决，而是在“团结”的幌子下，遮着、捂着、藏着，或者是漠视百姓的正当要求，对群众的呼声置之不理，那样只会激化矛盾，加剧冲突。比如分配不公、就业困难、看病难、读书贵等，如果你视而不见，闻而不理，让这些问题日积月累，势必酿成大祸。各单位、各部门的领导干部，勇于正视矛盾，巧于化解矛盾，才能为构建社会主义团结社会做出应有的贡献。

团结不是一团和气，团结不是否认矛盾、掩盖问题。我们要的，是“君子坦荡荡”的团结，是坚持真理、坚守正确、坚定原则的团结，是对班级集体高度负责任的团结。

团结不是拉帮结派

初中部某某班的同学还有半年就要毕业了，根据同学们的反映，他们中间出现了拉帮结派的现象。男同学有什么“四大天王”，为首的是一个经常迟到、好打群架的顽皮同学；女同学中有什么“五朵金花”的干姊妹，为首的女同学认为快毕业了，痛痛快快玩几天算了。他们虽说没有出现严重的违纪事件，可也影响了其他同学的学习。

团结不是拉帮结派，彼此拉拉扯扯，没有原则立场和是非观念，往往以个人的情感亲疏好恶来判断是非对错。这样的群体虽然可以成团成伙，成帮成派，甚至形成一个人脉极强、足以影响一个地方政治生态的庞大网络，但得道多助，失道寡助，虽然短期内能拉拢一小部分人，但长远看疏远的却是大部分人。团结要凝聚各方力量，有效调动一切积极因素，凡事出以公心，心存大气，像毛泽东同志说过的那样，“我们都是来自五湖四海，为了一个共同的革命目标，走到一起来了……要互相关心，互相爱护，互相帮助”。团结要分清是非，不拿原则做交易，不掺杂个人私利，相互理解，相互信任，在合作共事中加深了解，在相互支持中增进团结。

青少年同学出现拉帮结派现象，主要是受电影、电视、书刊中侠义人物的影响而盲目模仿，有的还带有一定的黑社会性质。作为老师，对这种现象如果强制令其解散，是不会收到好效果的；相反会使他们增加逆反心理，产生破罐子破摔的想法。这些同学大都是学习不太好、从未受过表扬、爱面子的同学，他们在同学中的影响力是较大的，因此必须采取审慎的态度和做法。

老师们经过研究，决定采取正向引导、加强帮助、个别谈心的方法来解决这个问题。

1．正向引导

正向引导，是指健康的集体舆论起着一种评价作用，它以议论、褒贬、奖惩等形式肯定或否定这些同学的某些事实和行为，引起他们的注意和重视，促使他们调整自己的行为。正向引导有三个积极作用：对拉帮结伙同学的行为有引导作用，它能对每个人形成一种自然的无形压力，能约束他们每个人的言论和行为；能扶正压邪，有利于班集体的良好风气；能使思想统一，矛盾减少。

2. 加强帮助

加强帮助，是指加强班集体建设。若有一个团结、凝聚力很强的班集体，拉帮结派的就少，也难以形成较大的消极影响。用集体的力量去影响和教育他们中的每个同学。要教育全班同学，对他们采取友好关心的态度，保持正常的联系；尊重他们，特别是教师要信任他们，吸引他们参加班集体的各项活动，使他们感到集体生活的愉快、丰富、充实和温暖，意识到自己是班集体的一员，从而产生强烈的归属感，并自觉接受班集体的管理和约束。再就是开展有意义的活动，满足这些同学的多层次需要，最大可能地让他们在正式群体里有充分表现自己的机会，使他们的聪明才智得以发挥、展示。

3. 个别谈心

个别谈心，是指对核心人物的转化教育。核心人物有了积极的转变，就可以影响其他同学。在个别谈心的同时要善于发现他们的积极因素，鼓励他们的微小进步，肯定他们身上的优点和长处，给予真诚的鼓励、关心和爱护，启发他们树立健康向上的精神，并为激发他们进步和发挥特长创造条件。

经过工作，上述拉帮结派的同学得到了转化，最后都合格毕业。青少年同学中的拉帮结派是中小学一种比较普遍的现象，有的明显，有的不明显，教师应注意分析他们的类型，针对性地做好工作，扬长避短，把这些同学引导到健康成长的轨道上来。

故宫一团和气图

成语“一团和气”的本意是指态度和蔼可亲，该词来源于宋朝朱熹的《伊洛渊源录》卷三所引《上蔡语录》：“明道（程颢）终日坐，如泥塑人，然接人浑是一团和气”。不过，“一团和气”现在也被引申为人民互相之间只讲和气，不讲原则。下文讲的《一团和气图》讲的就是前一种意思。

中国明清时期，民间风俗画题材比较丰富，其中有一个题材叫做“一团和气图”，也是被百姓广泛流传爱戴的题材之一。画中者团坐，做嘻笑状，手捧“壹团和气”字样，寓意待人接物笑口常开、一团和气，充满喜庆气氛。因为寓意深刻，所以在全国各地流行很广。

成化帝一团和气图

同样，北京故宫博物院藏有一幅明朝成化帝宪宗朱见深登基不久绘制的《一团和气图》，并附《御制一团和气图赞》一首。有学者甚至认为他是《一团和气图》的创始人。不管推断有无根据，至少可以说明朱见深与《一团和气图》关系密切。其实，成化帝绘制该图是有特定缘由的：

1. 期望全国朝野安定团结

天顺八年（1464 年，甲申）正月十七日，天顺帝英宗朱祁镇病，二十二日，皇太子朱见深即皇帝位，以明年为成化元年。因此，成化元年六月初一应是成化帝即位接近一年半左右。出于对群臣万众一心的期望，他绘《一团和气图》并制《一团和气图赞》，对朝政的安定团结有积极意义。

御制一团和气图赞：

朕闻晋陶渊明乃儒门之秀，陆修静亦隐居学道之良，而惠远法师则释氏之翘楚者也。法师居庐山，送客不过虎溪。一日，陶、陆二人访之，与语，道合，不觉送过虎溪，因相与大笑，世传为三笑图，此岂非一团和气所自邪？试挥彩笔，题识其上：

“嗟世人之有生，并戴天而履地。既均禀以同赋，何彼殊而此异？唯凿智以自私，外形骸而相忌。虽近在于一门，乃远同于四裔。伟哉达人，遐观高视；谈笑有仪，俯仰不愧。合三人以为一，达一心之无二。忘彼此之是非，蔼一团之和气。嗯！和以召和，明良其类。以此同事事必成，以此建功功备。岂无斯人，辅予盛治？披图以观，有概予志。聊援笔以写怀，庶以誉俗而励世。”

成化元年六月初一日

陶渊明、陆修静与惠远法师三人发生在庐山东林寺虎溪前的故事又称“虎溪三笑”，流传至今。另有一说主人公为佛印、苏东坡与黄庭坚。不论哪种说法，都是历代文人渲染所致，未必真有其事。

2. 体现“三教合一”思想

很久以来，儒、释、道三教一直影响我国文化的三大主流宗教，关系错综复杂。如果各自教派相互对立，必然消耗体力，不利于社会安定发展。成化帝所绘《一团和气图》乍看如同一人，实为三者。根据《御制图赞》推测，图中笑面弥勒应为惠远法师，左侧着道冠者应为陆修静，右侧饰儒巾者则为陶渊明，三人各为儒、释、道教代表，整个画面布局巧妙，和睦喜气。

“三教合一”的思想不仅流露在成化帝身上，在许多寺庙文物上也有所体现。以佛教圣地少林寺为例，千佛殿西侧是具有道教色彩的地藏殿，殿内南北两面供十大阎罗王神位，后壁绘制有浓厚儒教色彩的《二十四孝图》；钟楼前有嘉靖四十四年（1565 年）明宗室郑恭王朱厚烷之子朱载堉所立的《混元三教九流图赞》碑，刻有《混元三教九流图》，画面是释迦、孔子、老子三圣合体像，该图极有可能是朱载堉借鉴其曾祖成化帝的《一团和气图》所制。图赞中写道："三教一体，九流一源；百家一理，万法一门"。体现了三教合流、和睦相处的思想宗旨。

由于明清年间"一团和气"年画的普及流行，清朝乾隆御厂也参照该图制作出相关制品。

从绘画结构上看，乾隆时期景德镇御厂所制"和气杯"很大程度借鉴了成化帝《一团和气图》与民间"一团和气"年画的图案特点，联系乾隆时期常见的瓜蝶、三多纹，构成婴戏图、不倒翁和日用品功能于一体的智慧结晶。除此之外，不论是成化帝的《一团和气图》还是乾隆朝的"一团和气杯"，都无不饱含国家统治者对全国上下、朝廷内外安定团结的良苦用心与殷切期待。

民间一团和气杯

三个中国人一条虫？

很久以前曾经看过一本书，书上曾经这样描述中国人：1 个中国人是一条龙，3 个中国人是一条虫；而描述我们一衣带水的邻居，则说：1 个日本国民是一条虫，3 个日本国民是一条龙。

这种描述曾经多次在电视剧以及电影中用到。据说是中国人劣根性的突出表现。而且，对我们的邻居，我们又不得不反复体会这句话的真意。记得当时曾经有人专门评论说日本为什么发展得比较快，其中有一个重要的原因就是他们具有很强的团体合作精神，这是一个民族的本性所决定的。

中国人是龙的传人，我们拥有黄河流域五千年灿烂文化，是龙的象征。但是，曾几何时龙的传人竟然蜕变称为虫了呢？这些在这里我不再表述，我只想在这里说明的是团体合作确实与我们生活的进步息息相关。

不过，真正让我对这个问题有了进一步的认识是在玩某某游戏以后。

刷新快、怪物多是某某游戏的一个特点之一。而所打怪物级别的不同，将影响着玩家升级的速度。对一个比自己的能力高的级别的怪物，要打倒它几乎很难，而且自己的血将会损失很快。这个时候，要想攻击高一级别的怪物，团体合作的重要性和优越性则充分地显示了出来。

组队是许多玩家经常会用的一种攻击级别较高的怪物的方式。这样做虽然所得的经验比自己攻击要少，但是却可以大大地减少自己血的损失量，充分使自己能量的损失降到最低。一般而言，只要玩家能够同心协力，便可以取得好的成绩。

在我的级别为 30 级的时候，我曾经和几个朋友联合组队去打游戏。如果就单凭我们自身的实力，几乎不可能跟它们抗衡（当时里面，我是级别最高的了，其他的都在 12 级到 18 级之间）。但是我们组队之后，实力就完全不一样了。

在实战当中，我们总是攻击同一个怪物，弓箭手、法师在外攻击，战士近身战斗，虽然有时候损失也不小，特别是近身攻击的。但是直到最后，却没有一个“挂”掉。那天，我们每个人都升了好几级，比自己一个打快了许多，危险系数也减少了许多。

人生如游戏，社会亦如是。从游戏中可以得到许多蕴涵了丰富人生哲理的内涵，只要我们用心去体会，用心去感觉，就可以明白。

人生如戏，在某某游戏中使我更加明白了团体合作对我们而言不可言喻的重要性，至少在某某游戏里，十个中国人不是一条虫。而如果我们将某某游戏所赋予我们的人生意义充分地展现出来，那么在实际的人生中，无论多少人，中国人都是一条龙。

团结人才终成强国

燕昭王即位时燕国刚刚被齐国打败，他为了重振燕国，礼贤下士，并用重金招揽人才，是没找到合适的人。有人提醒他，老臣郭隗（音 wěi）挺有见识，不如去找他商量一下。

燕昭王亲自登门拜访郭隗，对郭隗说："齐国趁我们国家内乱侵略我们，这个耻辱我是忘不了的。但是现在燕国国力弱小，还不能报这个仇。要是有个贤人来帮助我报仇雪耻，我宁愿伺候他。您能不能推荐这样的人才呢？"

郭隗摸了摸自己的胡子，沉思了一下说："要推荐现成的人才，我也说不上，请允许我先说个故事吧。"接着，他就说了个故事：

古时候，有个国君，最爱千里马。他派人到处寻找，找了三年都没找到。有个侍臣打听到远处某个地方有一匹名贵的千里马，就跟国君说，只要给他一千两金子，准能把千里马买回来。那个国君挺高兴，就派侍臣带了一千两金子去买。没料到侍臣到了那里，千里马已经害病死了。侍臣想，空着双手回去不好交代，就把带去的金子拿出一半，把马骨买了回来。

侍臣把马骨献给国君，国君大发雷霆，说："我要你买的是活马，谁叫你花了钱把没用的马骨买回来？"侍臣不慌不忙地说："人家听说你肯花钱买死马，还怕没有人把活马送上来？"

国君将信将疑，也不再责备侍臣。这个消息一传开，大家都认为那位国君真爱惜千里马。不出一年，果然从四面八方送来了好几匹千里马。

郭隗说完这个故事，说："大王一定要征求贤才，就不妨把我当马骨来试一试吧。"

燕昭王听了大受启发，回去以后，马上派人造了一座很精致的房子给郭隗住，还拜郭隗做老师。各国有才干的人听到燕昭王这样真心实意招请人才，纷纷赶到燕国来求见。其中最出名的是魏国人乐毅、齐国的邹衍、赵国的剧辛等都先后来到燕国，这些人团结在燕昭王身边，为他出谋划策，使得燕国又重新强盛起来。

宽宏大量只为团结

陆逊（183～245年）是三国时期吴国的名将，字伯言，吴郡吴县华亭（今上海市松江）人，出身江南名门望族，是孙策的女婿，也是吴国一个出则能带兵征战、入则能治国的不可多得的人才。

陆逊21岁开始在孙权将军府上任职，早年历任东西曹令史，海昌屯田都尉并兼县令。他当县令时，遇上连年大旱，陆逊开仓放粮救济灾民，勉励耕织，使老百姓得到了实惠。后来他又向孙权建议，整治内政，剿灭匪患，使吴郡得到了安定，人民安居乐业。

陆逊极善谋略。公元219年，他与吕蒙定下袭取关羽之计，在麦城（今湖北当阳东南）大破关羽。公元221年，刘备率大军进攻吴国，他任大都督率军抗刘，两军相接，他坚守不战，等到第二年，当蜀国军队疲惫不堪的时候，他利用顺风放火，大败刘备，取得了夷陵（今湖北宜昌）之战的胜利。公元228年，他又在石亭（今安徽潜山东北）大败魏国名将曹休。后来陆逊任荆州太守，官至丞相。

会稽太守淳于式曾经上告孙权，指责陆逊用不正当的手段掠取百姓，骚扰地方。陆逊也听说了淳于式告他状的事。后来，陆逊去京城拜见孙权，两人谈到淳于式，陆逊在孙权面前称赞淳于式是个好官，能体恤民情，爱惜民力，治理会稽郡有政绩。孙权说："淳于式告你的状，而你却在我面前赞扬他，推荐他，这是为什么呢？"陆逊回答说："淳于式告状的目的，是要保养民力，这是我们治理国家的人都应该认真考虑的重要事情啊！现在他提出了这个问题，我应该有则改之，无则加勉，在以后的工作中更加重视这个问题。如果我又在您面前诋毁他来扰乱您的视听，这种做法不妥吧。"

孙权高度赞扬了陆逊，说："这确实是贤德的人应有的品行，只不过别人做不到而已。"

公元221年，刘备率大军进攻吴国，孙权任命陆逊为大都督，统兵抵抗。那些将领们有的是孙策时的老将、开国功臣，有的是皇室贵戚，都各有所恃，自命不凡。自然，当他们奔赴前线作战时，就各自为政，谁也不听谁的。陆逊指挥调度他们很是困难，使吴军在战争开始时陷入被动。等到吴军以用火攻的计谋打败刘备，取得夷陵之战的胜利后，将军们才发现，这次大战的兵员部署、作战谋略大都是陆逊的主意，陆逊立了头功。将领们都叹服不已。

后来，孙权知道了陆逊手下的将领在战场中的表现，就问陆逊："当初你为什么不把诸将不听节制的事报告给我呢？我一定把他们召回京城处置。"陆逊回答说："臣受陛下的恩德深重，而所担任的职务则远远超过了自己的才能。再说，将领们有的是皇上心腹，有的是能征善战的勇将，有的是开国功臣，都是国家可以重用并与他们决定大事的人。我虽然愚钝，内心却非常敬慕昔日蔺相如和寇恂谦让下属以成全国家大事的宽阔胸怀啊。"孙权听了开怀大笑，连声称赞陆逊："好啊！有气度，有气度。"

陆逊宽容他人，谦让下属的品德，使大家同心协力，共创吴国基业，受到了朝野上下的称誉和尊敬。

日本人为何这样团结

纵观世界各国民族，不团结的是很难找的，但如果说到最团结的民族，大家会不约而同地想到日本。前几天，在路上遇见几个在某日企上班的工人，闲聊起日本公司的治理制度，感慨在中国人眼里，日本公司的治理经营制度是那么苛刻，那么无情，可人家的治理制度或治理团队的精神值得我们思考。而正因为这样的治理制度与团队精神造就了日本企业在全世界的发展壮大。让我们中国的市场到处是日货，但这我只想把日本的这种治理制度与团队精神的来源说一下，也顺便反思或比较一下我们自己的情况吧。

1、生存环境导致日本国民必须学会团结一致。日本国民的团结并不是天生的，而是其生存环境造成的。

日本国民生活在一个面积不大、四面环海、多山的狭小岛国里，可耕地面积少，只有国土面积的15%左右，矿产资源贫乏，而且饱受地震、火山、台风、海啸等自然灾难的侵袭。

面对这种恶劣的自然环境，日本国民只有团结起来，借助群体的力量，共同对抗天灾，正所谓“人心齐，泰山移”。日本国民的房子紧密相连、彼此支撑，就是为了抵御风灾。面对大海和贫乏的自然资源，古时候的日本国民多依靠出海捕鱼为生，而这种工作靠个人的力量是无法完成的，必须凭借团体的智慧和力量。他们团结协作，同甘共苦，休戚与共。因此正是不利的自然环境造就了日本国民勇于奉献、勇于牺牲的团队精神。

2、社会规则要求日本国民绝对服从集体。自然环境的不利因素对日本国民的行为产生深刻的影响。久而久之，日本社会形成各种行为准则，人们遵守的程度非常高，一旦某人违反了这些准则，就会受到四周人的一致指责和唾弃，甚至连自己的亲人也不例外。

举一个例子，在日本的乡村，到了晚上，大家一旦发现某个人没有回家，全村的男人都会提着灯笼去找。这样的情形在其他国家是很少见的，由此可见，日本国民多么重视团队。

再举一例，日本的机场有四个特色。第一是夏天温度最高。机场是一个国家的大门，代表国家的形象。因此，每个国家都会尽量让自己的机场保持最佳的环境。比如，一到夏天，世界各国的机场一般都会把温度调得很低，以便让人们感到凉爽，但是日本的机场是个例外。夏天日本机场的室内温度是比较高的，为什么？因为日本提倡节约能源。在日本国民看来，节约能源是个正确的观念，全国上下都在执行，机场又怎么能浪费呢？对日本国民来说，只要确定目标，不管有没有硬性规定，都会全面地、一致地实现目标。

日本机场的第二个特色是预备登机的日本国民神态最紧张。在飞机场预备登机的日本国民聚精会神，如临大敌一般。不仅在飞机场如此，在火车站也是一样。列车进站时，工作人员都是立定站好的，没有人敢乱动，仿佛正经历庄重神圣的时刻。

第三个特色是日本国民的服务态度世界一流。假如你要向他们咨询事情，他们在回答之前就会先给你鞠好几次躬；讲话的过程中他们也会鞠躬；讲话结束后，他们还会向你鞠躬送别。鞠躬已经变成日本国民的习惯性动作了，有人甚至说，日本国民之所以腰很细，就是因为他们一天到晚做腹部运动。

第四个特色是航班准时。我们中国人所谓的准时多数情况下是指时间差不多，比如说，火车12：00到达，实际上经常会晚一两分钟。很多人时间观念不强，说是准时到达，却经常迟到，而且会找出上千个理由。而日本国民则不同，说是几点几分，就是几点几分。在日本，假如预约出租车，出租车一定准时报到，不会差一分钟。

3、社会一致性造就日本国民工作习惯。

日本社会的这种高度一致性使得日本企业的员工都不敢跳槽。跳槽在美国是平常事。美国的年轻人进入某公司后，两年得不到升迁，他就会跳槽，因为他知道在这里没有希望。但是，日本企业实行的是终身雇佣制，员工一进入公司，就会一直工作到退休。每一个民族都有高度的约束力。中国人的高度约束力是什么？那就是中国人很现实，重功利。美国人不同，美国的学生并不喜欢读书，因为他们考上大学很容易，当然哈佛、耶鲁等名牌大学除外。美国人大学毕业后，随便找个工作就可以轻松地生活。他们认为职业没有贵贱，所以不必辛辛劳苦争取高薪工作。中国人虽然自古以来也常说职业没有贵贱，但是心里还是有贵贱之分。所以中国的孩子从小就被教育要读名牌大学，以便将来找个“好工作”。在美国，问一个妇女，她的丈夫是做什么的，她会老实地告诉你。而中国人就不一样了，中国的妇女在谈到自己丈夫的时候，假如她丈夫所从事的工作不能使其面上增光，她就会含含糊糊地说：“他有他的事业……”中国人还有一点势利眼。美国人看到一个小孩子，只会问：“你叫什么名字？”而中国人却常问：“你爸爸是谁？”有个穷爸爸还是有个富爸爸，境遇截然不同。这种差别使得中国人从小就很争气，一定要出人头地，不然一辈子让人家看不起。

4、基础教育就开始培养团队意识。

日本国民为了保持这种社会约束力，在教育方面花了很多工夫。日本国民从小就被教育服从集体。日本大多数时候天气很冷，但是，日本的小学生都穿短裤。在大街上随处可见这样的景象：一队小学生来到十字路口的时候，假如红灯亮了，就排队等着，冻得实在受不了，就蹲下。等绿灯一亮，又都站起来，动作非常整齐，根本不需要有人发号施令，很自然地就产生了一致性的行为。

可见，日本国民的高度团结，是经过长期的培养所形成的，并非天生如此。

日本国民的民族认同感、民族归属感是世界一流的。

例如，日本的很多学校都统一订制营养午餐，一到中午下课的时候，值日生负责把饭盒抬过来，分发下去。这种做法在很多国家都一样，但是，日本国民有个做法却与众不同，就是日本的学生一定要等到全班所有人都吃完以后才可以出去玩，只要有一个没有吃完，全班同学都不可以出去。

对小孩子来讲，这一点很难做到。一般男同学都是狼吞虎咽地吃完，争取多玩一会儿。但是一些女同学，尤其是比较斯文的女同学，经常吃得慢吞吞的。男同学吃完后，会围着吃得最慢的女同学："拜托，快一点！时间都被你耗掉了。"于是，那个女同学为了不影响他人，就加快速度，甚至连平时不吃的食物也一股脑地吞下去。

吃营养午餐体现了日本的学生们所具有的团队精神：男同学即使很想出去玩，也要遵守学校的规定；女同学为了不影响团队的其他成员，强迫自己加快吃饭速度，并吞下自己不愿意吃的食物。

日本的小孩子居然如此重视团队，实在令人感动。可见，日本国民浓厚的团队意识、高度一致的团体行为，不是天生如此的，而是从小教育的结果。

一个民族形成的生活习性或工作习性或生活态度，其实都是与自然环境与文化的延续密不可分的，但关键在于我们怎么去延续我们优良的传统与继续发扬光大，并不断改进我们的生活习惯与态度，方能屹立于世界民族之林。

协作的意义

合作的重要性

俗话说得好："团结就是力量"，在我们的日常生活中只有合作才能有更大的力量，才能顺利轻松地到达成功的彼岸。

在学习中，我们肯定会遇到许多的困难和挫折，当我们做题时，费尽了脑汁也无法找到做题的思路，这时候，如果仍然独自琢磨是很难做出的，我们就只好请教别人，也许通过他的耐心讲解加上你的认真分析会很快地找出思路，顺利地做出这道难题。虽然这件事在我们的学习中随处可见，见得多了也就不会在意，但是这个过程其实也是一个合作，因为如果单靠一方的努力是不行的，只有讲者和听者合作了，才能产生效果，所以，在这小小的事情当中合作也起着重要作用。

我们知道，一只蚂蚁的力量是很小的，它只能搬动一些小的可以吃的东西，但如果碰到了稍大的东西，凭借它的自身条件搬走它是极不可能的，这时候，蚂蚁是不会放弃的，它会把这个东西放在那里，然后去寻找自己的同伴来帮忙。一个蚂蚁的力量是小的，两个也是微不足道的，但是三个、四个……多了就能显出力量之大，它们会一起努力，直至把食物搬到洞口，这时，蚂蚁会面临另一个问题，那就是这么大的东西怎么才能让它进入这么狭小的洞口里呢？它们就会把这个东西一"人"一"口"地咬掉，然后一点点地送进去，看着来来回回在洞口忙碌穿梭的蚂蚁，再看看那食物由大变小，由小变大时，此刻，我们能想到的就是“团结就是力量”，食物之所以能被它们运进洞里，是因为它们合作了，经过它们的合作才有了成功。合作对我们太重要了，我们一定不能小看它，合作，会给我们带来成功，带来进步，带来发展……

合作，一种极为普通的行为，我们在做任何事情的时候，都应该记住这句话：只有合作，才能进步；只有合作，才能发展。

合作学习

根据《现代汉语词典》，“合作”的定义描述为：“为了共同的目的一起工作或共同完成某项任务”。

反观我们日常生活，人们在共同完成某项任务或目标时总喜欢说：“合作愉快!”这说明合作具有一种互相认同、接纳和目标一致，情感态度与诚信的结合，一种价值的体现，而且只有“合作愉快”才能更好地完成共同任务。

虽然在合作的过程中总是有可能遇上某些人为因素或者自然因素的影响，但合作者们总体上是希望“合作愉快”的。

此外，若从法律上讲，合作可能是多方的，至少是双方的，合作的主体是独立平等的，有自己的权利与责任。如果离开了权利，就无所谓责任，甚至会逃避责任，反之亦然，这是合作的必要条件。

所以，合作可以理解为：为了共同的目的或任务，合作主体的相互认同、接纳，各自的独立性和责任感的共同构成。

由此，我们就可以把合作学习初步定义为：合作学习是教育者与学习者之间，学习者之间为了完成共同的学习目标或任务，其合作者之间具有相互认同、接纳、独立平等和诚信的合作。

协作与不协作的结果

第一个团队的故事是这样的：

“一个和尚挑水喝，两个和尚抬水喝，三个和尚没水喝。”

第二个团队的故事是这样的：

“一只蚂蚁来搬米，搬来搬去搬不起，两只蚂蚁来搬米，身体晃来又晃去，三只蚂蚁来搬米，轻轻抬着进洞里。”

上面这两个团队、两种说法、两种截然不同的结果。

“三个和尚”是一个团体，可是他们没水喝是因为互相推诿，不讲协作。“三只蚂蚁来搬米”之所以能“轻轻抬着进洞里”，正是团结协作的结果。

团队合作的力量是很强大的，团结的力量一旦被开发，团队将创造出不可思议的奇迹。

当今社会，随着知识经济时代的到来，各种知识、技术不断推陈出新，竞争日趋紧张激烈，社会需求越来越多样化，使人们在工作学习中所面临的情况和环境极其复杂。在很多情况下，单靠个人能力已很难完全处理各种错综复杂的问题并采取切实高效的行动。所有这些都需要人们组成团体，并要求组织成员之间进一步相互依赖，相互关联，共同合作，建立合作团队来解决错综复杂的问题，并进行必要的行动协调，开发团队应变能力和持续的创新能力，依靠团队合作的力量创造奇迹。

既然团队合作精神有那么大的力量，接下来我们就了解下什么是团队合作吧。团队不仅强调个人的工作成果，更强调团队的整体业绩。团队所依赖的不仅是集体讨论和决策以及信息共享和标准强化，它强调通过成员的共同贡献，能够得到实实在在的集体成果，这个集体成果超过成员个人业绩的总和，即团队大于各部分之和。团队的核心是共同奉献。这种共同奉献需要一个成员能够为之信服的目标。只有切实可行而又具有挑战意义的目标，才能激发团队的工作动力和奉献精神，为工作注入无穷无尽的能量。

所以团队合作是一种为达到既定目标所显现出来的自愿合作和协同努力的精神。它可以调动团队成员的所有资源和才智，并且会自动地驱除所有不和谐和不公正现象，同时会给予那些诚心、大公无私的奉献者适当的回报。如果团队合作是出于自觉自愿时，它必将会产生一股强大而且持久的力量。

团队合作往往能激发出团体不可思议的潜力，集体协作干出的成果往往能超过成员个人业绩的总和。正所谓“同心山成玉，协力土变金”。红军长征胜利是中国革命史上，乃至世界军事史上的一次奇迹。创造这个奇迹的红军战士和整支红军队伍就是有一个为天下所有贫苦人民打天下的共同目标。而且他们都不畏艰险，相互帮助，共同合作，充分发挥了团队合作的力量。他们是一个优秀的团队，在共同协作下不仅走出了困境，还为革命的胜利打下基础。所以成功需要克难攻坚的精神，更需要团结协作的合力。

一个团体，如果组织涣散，人心浮动，人人自行其是，甚至搞“窝里斗”，何来生机与活力？又何谈干事创业？在一个缺乏凝聚力的环境里，个人再有雄心壮志，再有聪明才智，也不可能得到充分发挥！只有懂得团结协作才能克服重重困难，甚至创造奇迹。

下面我们再看一个例子。狼是群动之族，攻击目标既定，群狼起而攻之。头狼号令之前，群狼各就其位，各司其职，嚎声起伏而互为呼应，默契配合，有序而不乱。头狼昂首一呼，则主攻者奋勇向前，佯攻者避实就虚而后动，后备者厉声而嚎，以壮其威……

独狼并不强大，但当狼以集体力量出现在攻击目标之前，却表现出强大的攻击力。在狼成功捕猎过程的众多因素中，严密有序的集体组织和高效的团队协作是其中最明显和最重要的因素。由此可见团队合作精神的重要性。其实团队精神的重要性，在于个人，团体力量的体现，小溪只能泛起破碎的浪花，百川纳海才能激发惊涛骇浪，个人与团队关系就如小溪与大海。每个人都要将自己融入集体，才能充分发挥个人的作用。团队精神的核心就是协同合作。总之，团队精神对任何一个组织来讲都是不可缺少的。否则就如同一盘散沙，一根筷子容易弯，十根筷子折不断……这就是团队精神重要性力量的直观表现，这也是我理解的团队精神，也是团队精神重要之所在。

合作型性格更易成功

俗话说："三个臭皮匠，顶一个诸葛亮。"一个人的能力终究是有限的，要完成一件工作，一定是大家分工协作，互相配合的结果，善于合作者正是掌握了这一简单法则才使自己走向成功。

合作型性格的特点：善于与人沟通、合作。一般说来这种性格的人大多性格比较温和，既不过分保守，也不过分激进。所以，他们总是能够听取各方面的意见，并且虚心接纳，以吸取其中的有价值的东西。他们之所以能够取得令人瞩目的成绩，其原因即在于此。

任何人都应该学会待人接物、结交朋友的方法，以便互相提携、互相促进、互相借鉴，否则，单枪匹马是难以成功的。

钢铁大王卡耐基曾经亲自预先写好他自己的墓志铭：长眠于此地的人懂得在他开拓事业的过程中起用比他更优秀的人。

大部分美国人往往都有一种特长，就是善于观察别人，并能够吸引一批才识过人的良朋好友来合作，激发共同的力量。这是美国成功者最重要的，也是最宝贵的经验。

任何人如果想成为一个企业的领袖，或者想在事业上获得巨大的成功，首要的条件就是要有一种鉴别人的眼光，能够识别出他人的优点，并让他的优点得到充分的发挥。一位著名的商界人物、也是银行界的领袖曾说过：他的成功得益于鉴别人才的眼力。这种眼力使得他能把每一个职员都安排在恰当的位置上，而从来没有出现过差错。不仅如此，他还努力使员工们知道他们所担任的位置对于整个事业的重大意义。这样一来，这些员工无需上司的监督就能把事情处理得很圆满了。

但是，鉴别人才的眼力并非人人都有。许多经营大事业失败的人都是因为他们缺乏识别人才的眼力所致，他们常常把工作分派给不恰当的人去做。他们本身尽管工作非常努力，但他们常常对能力平庸的人委以重任，却反而冷落了那些具有真才实学的人，使他们埋没在角落里。

其实，他们一点都不明白，一个所谓的人才，并不是能把每件事情都做得很好，并且样样精通的人，而是能在某一方面做得特别出色的人。比如说，对于一个会写文章的人，有人便认为他是一个人才，认为他管理起人来也一定不差。但事实是，一个人能否做一个合格的管理人员，与他是否会写文章是毫无关系的。他必须在分配资源、制订计划、安排工作、组织控制等方面有专门的技能，但这些技能并不是一个善写文章的人就一定具备的。

世上成千上万的经商失败者，大都把许多不适宜的工作加到雇员的肩上后，再也不去管他们是否能够胜任，是否感到愉快。

一个善于用人、善于安排工作的人很少在管理的问题上出麻烦。他对于每个雇员的特长都了解得很清楚，也能够尽力把他们安排在最恰当的位置上。但那些不善于管理的人总是会忽略这些重要的方面，而专门在那些鸡毛蒜皮的小事上大做文章，这样的人当然要失败。

很多精明能干的总经理、大主管坐在办公室的时间很少，常常在外旅行或出去打球，而他们公司的营业却丝毫未受到不利的影响，公司的业务仍像时钟的发条机制一样有条不紊地进行着。那么，他们是如何管理的呢？他们有什么管理秘诀呢？如果有的话，那只有一条：把恰当的工作分配给恰当的人。

美国三大汽车公司：通用、福特、克莱斯勒，它们垄断了美国的汽车工业。最初，福特汽车的市场占有率为45%，高居首位。但从20世纪30年代起，通用汽车的市场占有率超过了福特汽车。到1983年，通用汽车公司成为世界第二大工业公司，年营业额为746亿美元，净利37.3亿美元。这一年，福特汽车公司排在世界第五大工业公司的位置上，年营业额444.6亿美元，净利18.7亿美元。克莱斯勒公司更在它们之后。

福特汽车公司自1903年由亨利·福特创立后，不到10年时间便成为了世界汽车大王，福特牌汽车风行全球。通用汽车公司于1908年在美国新泽西州创立，但一直落后于福特汽车公司。后来怎么会大大赶超了福特汽车公司呢？原因是多方面的，最突出的一点是通用汽车公司后来起用的决策者处事开明，能兼听各方面的建议，特别关注反对的意见。

通用汽车公司自从由斯隆任总裁之后，在经营决策上采取广泛听取下属的各种建议和反面意见。斯隆认为，像“通用”这样的大公司，若把所有问题的决策集中于少数领导人身上，不仅使他们终日忙于事务，无暇考虑公司的方针、政策，而且还会局限各级人员的创造精神。他要求各级人员要加强责任心，对任何决策和谋略大胆地各抒己见。他还言明这样做的目的绝非有损领导层的尊严，反之可防止和避免决策的重大失误。

有一次，斯隆主持讨论一项新的经营方案，参加会议的各部门负责人对这项新方案没有提出任何相反意见。最后斯隆总裁说：“诸位先生看来都完全同意这项决策了，是吗？”与会者都点头表示同意。斯隆却突然严肃地说：“现在我宣布会议结束，这次会议讨论的问题延到下次会议再行讨论。但我希望下次会议能听到相反的意见，这样，我们才能全面地了解这项决策的利弊。”

通用汽车公司的领导者正是因为在各项主要经营决策前善于听取各种建议和意见，便于对各种方案作出比较判断，从中选择最佳的方案，同时公司也做到有备无患，万一发生差错，也可随时采取新对策。正是由于发挥这一招的作用，使“通用”牌汽车在生产、设计、营销管理等各方面处于领先地位，致使美国其他汽车公司望尘莫及。

我们每一个人在社会的大舞台上都充当着一个角色，无论你从事什么职业，要想取得成功，都离不开别人的帮助。单独一个人想达到事业的顶峰是不可能的事情。

这就好比是一个球队，要想比赛取得最终的胜利，必然是大家团结协作，共同努力的结果。

因为个人的力量毕竟是有限的，即使他再有能力也不可能独揽一切。善于与人合作的人，可以更好地弥补自己各方面的不足，使自己尽快地走向成功。

团结协作利人又利己

在远古洪荒之际，上帝创造了天地日月光明和人类。

随着人类的增多，上帝开始担忧，他深知人类偷吃了伊甸园的果子，怕人类的不团结，会造成世界大乱，从而影响了世界的长治久安。

为了检验人类之间是否具备团结协作、互助互帮的意识，上帝做了一个试验。

他把人类分为两批，在每批人的面前都放了一大堆可口美味的食物，但是，却给每个人发了一双细长的筷子，要求他们在规定的时间内，把桌上的食物全部吃完，并不许有任何的浪费。

比赛开始了，第一批人各自为政，只顾拼命地用筷子夹取食物往自己的嘴里送，但因筷子太长，总是无法够到自己的嘴，而且因为你争我抢，造成了食物极大的浪费，上帝看到此，摇了摇头，为此感到失望。

轮到第二批人类了，他们一上来并没有急着要用筷子往自己的嘴里送食物，而是大家一起围坐成了一个圆圈，先用自己的筷子夹取食物送到坐在自己对面的人嘴里，然后，由坐在自己对面的人用筷子夹取食物送到自己的嘴里，就这样，每个人都在规定时间内吃到了食物，并丝毫没有造成浪费。第二批人不仅仅享受了美味，从此，还获得了更多彼此的信任和好感。上帝看了，点了点头，由此看到了希望。

但世界总是不完美的，于是，上帝为第一批人类的背后贴上五个字，叫“利己不利人”；而在第二批人的背后贴上另外五个字，叫“利人又利己！”

表面合作是不够的

有三只老鼠结伴去偷油喝，可是油缸非常深，油在缸底，它们只能闻到油的香味，根本喝不到油，它们很焦急，最后终于想出了一个很棒的办法，就是一只咬着另一只的尾巴，吊下缸底去喝油，他们取得了共识：大家轮流喝油，有福同享，谁也不能独自享用。第一只老鼠最先吊下去喝油，它在缸底想："油只有这么一点点，大家轮流喝多不过瘾，今天算我运气好，不如自己喝个痛快。"加在中间的第二个老鼠也在想："下面的油没多少，万一让第一只老鼠把油喝光了，我岂不是要喝西北风吗？我干嘛这么辛苦地吊在中间让第一只老鼠独自享受呢？我看还是把它放了，干脆自己跳下去喝个痛快？"第三只老鼠则在上面想："油是那么少，等它们两个吃饱喝足，哪里还有我的份，倒不如趁这个时候把它们放了，自己跳到缸底喝个饱。"于是第二只老鼠狠心地放了第一只老鼠的尾巴，第三只老鼠也迅速放了第二只老鼠的尾巴。它们争先恐后地跳到缸底，浑身湿透，一副狼狈不堪的样子，加上脚滑缸深，它们再也逃不出油缸。

三只老鼠表面上是在一起合作了，可它们彼此各怀私心，这样的合作宁愿没有的好。单打独斗，只考虑自己的利益很难成功，真正的强者讲究双赢，追求团队合作。

善于合作好处多

每个人的能力都有一定限度，善于与人合作的人，能够弥补自己能力的不足，达到自己达不到的目的。

每年的秋季，大雁由北向南以 V 字形状长途迁徙。雁在飞行时，V 字形的形状基本不变，但头雁却是经常替换的。头雁对雁群的飞行起着很大的作用。因为头雁在前开路，它的身体和展开的羽翼在冲破阻力时，能使它左右两边形成真空。其他的雁在它的左右两边的真空区域飞行，就等于乘坐一辆已经开动的列车，自己无需再费太大的力气克服阻力。这样，成群的雁以 V 字形飞行，就比一只雁单独飞行要省力，也就能飞得更远。

人只要相互合作，也会产生类似的效果。只要你以一种开放的心态做好准备，只要你能包容他人，你就有可能在与他人的协作中实现仅凭自己的力量无法实现的理想。

有人说众人携手能做出更大的蛋糕。但是有些年轻人却信奉另外的一种哲学。他们认为，财富总是有一定限度的，你有了，我就没有了。

这是一种享受财富的哲学而不是一种创造财富的哲学。财富创造来固然是为了分享的，但是我们的注意力并不在这里，我们更关注的是财富的创造。

同样大的一块蛋糕，分的人越多，自然每个人分到的就越少。如果斤斤计较，我们就会相信享受财富的哲学，我们就会去争抢食物。但是如果我们是在联手制作蛋糕，那么，只要蛋糕能不断地往大处做，我们就不会为眼下分到的蛋糕大小而备感不平了。因为我们知道，蛋糕还在不断做大，眼前少一块儿，随后还可以再弥补过来。而且，只要联合起来，把蛋糕做大了，根本不用发愁能否分到蛋糕。

过去农村闭塞，获取财富极端困难。老百姓家中难得有一桌一椅一床一盆一罐。所以那时农村分家是件很困难的事情。兄弟妯娌间为了一个小罐、一张小凳子，便会恶语相向，乃至大打出手。这是一种典型的分财哲学。

后来人们走出来了，兄弟姊妹都往城里跑，财富积累越来越多。回过头来，发现各自留在家里的亲眷根本犯不着为一些鸡毛蒜皮儿的事生气。相反，嫂子留在家里，属于弟弟的地不妨代种一下，父母留在家里，小孙子小外孙也不妨照看一下。相互帮助，尽量解除出门在外的人的后顾之忧。反过来，出门人也会感谢老家亲戚的互相体谅和帮助。一种新的哲学也就诞生了，这种哲学就是：你好，我也好，合作起来更好。

遗憾的是，有些大学毕业生，大概是在校园呆久了，居然信奉这样的哲学：必须践踏别人，糟蹋别人，利用别人。还有一些学生，自己拥有的资源不愿意与人分享，反过来，又想利用别人的资源，又不好意思张口。这样的心态是一种大的障碍，绝对不利于个人的成就与发展。

与人携手，把蛋糕做得更大一些。这样的话，你还发愁没的吃吗？

把争斗变成谦让

在一个原始森林里，一条巨蟒和一头豹子同时盯上了一只羚羊。豹子看着巨蟒，各自打着“算盘”。豹子想：如果我要吃到羚羊，必须首先消灭巨蟒。巨蟒想：如果我要吃到羚羊，必须首先消灭豹子。于是几乎在同一时刻，豹子扑向了巨蟒，巨蟒扑向了豹子。豹子咬着巨蟒的脖颈想：如果我不下力气咬，我就会被巨蟒缠死。巨蟒缠着豹子的身子想：如果我不下力气缠，我就会被豹子咬死。于是双方都死命地用着力气。最后，羚羊安详地踱着步子走了，而豹子与巨蟒却双双倒地。

如果两者同时扑向猎物，而不是扑向对方，然后平分食物，两者都不会死；如果两者同时走开，一起放弃猎物，两者都不会死；如果两者中一方走开，一方扑向猎物，两者都不会死；如果两者在意识到事情的严重性时互相松开，两者也都不会死。它们的悲哀就在于把本该具备的谦让转化成了你死我活的争斗。

谁都有所不能

有一只骆驼离开主人，独自漫步在偏僻的小道上。长长的缰绳拖在地下，它却漫不经心地只管自己溜达着。这时，正好来了一只老鼠。它咬住缰绳的一头，牵着这只大骆驼就走。老鼠得意地想：“嘿，瞧我的力气多大啊？我能拉走一头大骆驼呢。”一会儿，它们来到河边。大河拦住了去路，老鼠只好停了下来。这时，骆驼开口了：“喂！请你继续往前走啊！”“不行啊！”老鼠回答说，“水太深了。”“那好吧，”骆驼说道，“让我来试试看。”骆驼到了河中心便站住了，它回头叫道：“你瞧，我没说错吧，水不过齐膝盖深呢。好啦，尽管放心下来吧？”“是的。”老鼠答道，“不过，正如你所看到的，你的膝盖和我的膝盖之间可有一点小小的差别啊。劳驾，请你渡我过河去吧？”“好，你总算认识到自己的不足了。”骆驼说，“你很傲慢，夜郎自大。要是你能保证今后谦虚一点，那我才肯渡你过河。”老鼠不好意思地笑着答应了。就这样，它俩一起平平安安地到了对岸。

世界上没有十全十美的事物，人都有自己所不能够做到的事。谦虚的人通常能看到自己的不足——与强者联合共渡难关，在彼此关爱中享受生命的快乐。

团结协作共同进步

在很古老的时候，有一只锦鸡，一只兔，一只猴和一只象，它们结拜为兄弟。

锦鸡因为能飞，有一次飞上了三十三重天，衔来了一颗果树种籽。这种籽是万年生长，一年四季都结果子的。

它们当中兔子最有心机，知道这种籽的贵重，就首先动手把种籽种在地上。猴子知道这树会结果，就天天替它上粪。大象也想吃果子，就天天用鼻子从河里汲水来浇灌。

由于大家照料，树一天天地长大了，很快就结果了。

锦鸡从树尖飞过，看见果子成熟了，心想：“我带来的种子结果了，我的功劳可不小啊！现在该我享受了！”于是，它天天飞上树，在树上慢慢地啄食这果子。

猴子是可以上树的，它想吃就爬上树，不想吃就爬下来。

象的个子很大，就用它的长鼻子卷着树枝吃果子。

这中间最吃亏的就是兔子。它爬不上树，只有在树下扑打纵跳，望着香气扑鼻的果子，翘尾巴，舔嘴唇。

树，一天天长高了，连有长鼻子的象也吃不到果子了，于是，它们开始有了争吵。

象、锦鸡和猴子嚷着：“这太不公平，树长高了，只有你们两个吃得到，要知道我也曾经浇过水啊！”

兔更不满意，说："是的，真的是很不公平，我一直吃不到一个果子，只吃了几片落下来的树叶。"

但是锦鸡和猴子只顾自己吃，不理它们。它们没有办法，就找了一个聪明的人帮助它们评理。聪明人说："你们四个先不要争，天底下原来没有这种果树，你们先说这果树是从哪里来的？是怎样生长的？你们告诉了我，我就可以帮你们想出调解的办法来。"

锦鸡说："聪明人啊，正如你所说，这树天底下本来没有，是我从三十三重天上衔来的种子生长出来的，我的功劳最大，难道不是吗？"

兔子说："虽然锦鸡衔来了种子，但它不知道该怎么办，是我想到把它种到地里，因此才有了这棵树。可我却一直吃不到果子，只能吃到偶尔落下来的几片叶子。你说公平吗？"

猴子说："虽然有了种子，有人种下地，但我上粪的功劳可不小啊！这树原来只有一根细草那样大，要不是我天天上粪，它怎么能活呢？"

象说："虽然有了种子，有人种地，有人上粪，但是，天旱了这么久，我每天都用鼻子从河里运水来浇它，它才生长起来的。我也有功劳啊！"

聪明人说："照这样说，你们每个人都对这树出过力，每人都该吃到这果子。你们与其这样争吵，不如大家一起想能吃到果子的办法。因为只有这样，才不致伤害你们之间的感情，而且又能让这棵树结更多的果实。"

它们觉得这话很有道理，于是就一起商量。终于商量出一个办法，规定大家摘果子要一起摘，让象站下边，象背上站猴子，猴子背上站兔子，兔背上站锦鸡，然后锦鸡摘下果子交给兔，兔交给猴，猴交给象，果子摘好了，大家一起吃。

自从想出这个办法以后，它们就不再争吵了，而且使这棵树长得更好，果子也结得更多了。

这就是常被描绘在藏族地区墙壁上的那幅五色彩画，名叫"锦鸡、兔、猴、象吃果图"。它教给人们知道团结和尊重他人劳动的道理。新的方法出台前后，对于吃果的不同反映形成了鲜明的对比，一种是自私自利的散乱状态，大家都没得吃；一种是团结一致的协调组合，大家都能吃。人们常说"三个臭皮匠顶一个诸葛亮"，意思在于揭示团结就是力量，团结起来，众志成城，合理组合，才能取得胜利。团结的前提就是目标一致，彼此谦让，共同进步，以战略的眼光看待问题。

离开团队会如何

秋风来了，北方的天气逐渐变冷了。一队队大雁往南飞去。它们有时候排成“一”字形，有时候排成“人”字形。它们一块儿飞过高山，飞过大海，又一块儿落到湖边休息，一刻也不分离。晚上睡觉，总有一只大雁在放哨，防备突然来的袭击。

雁群里有一只小雁，不愿跟大队一块飞。它说：“跟你们一块飞多慢呀！如果让我一个人飞，我早就飞到南方去了。”大雁警告它，说不能这样做，这样做是不遵守纪律，随便离队会遇到危险。小雁满不在乎地笑笑，把好话当成了耳旁风。一天晚上，当大家都睡着了的时候，它偷偷地离队飞走了。它在无边无际的天空独自飞行，一边飞，一边得意地唱着歌，感到无比的快乐和自由，梦想着自己能早日到达南方。忽然，“砰”的一声，把它吓了一跳，它低头一看，不远处一个猎人正在朝它开枪。它急忙用力扇动翅膀，飞进云层。它想，多危险啊！差点就把命给送了，还是回去吧！但是它又想，这么快就回去，不是太没出息了吗，大家会笑话自己的。既然出来了，就不能这么轻易就回去，应该做出些事业，让它们瞧瞧。

天渐渐黑了，它决定先找个地方住下再说。小雁看到前面有一座山，这时它的口渴了，肚子也饿了。它心想，过了这座山，该到湖边了吧。于是，它鼓起精神，艰难地飞过了高山。可是山那边并没有它想要看到的湖，只有漆黑的树林。在漆黑之中，小雁到处搜寻着，迷茫着分不清东西南北。小雁感到自己疲乏极了，它身上一点力气也没有了。它落在草地上，很想舒舒服服地睡一觉，忽然又想起，谁为自己放哨呢？没人放哨，太危险了，说不定会有狐狸和狼出来伤害自己。它越想越害怕，后悔自己不该单独飞行，恨不得马上回到队伍里去。但是，漆黑的夜里，往哪里去找队伍呢？它伤心地哭了起来。正在这个时候，一只凶恶的狼嚎叫着从树林里跳出来了。小雁吓得浑身发抖，但是，在恐怖中它身上有了一种力量，怎么能等着叫狼吃掉呢？它猛地扇起翅膀，飞快地飞到空中。小雁独自在天空中，心里又急又怕。这时候，它越发后悔当初没有听老雁的话。这只不守纪律的小雁在天上飞了好久好久，它飞过高山，飞过森林，飞过海洋，终于飞回了雁群的队伍中。

小雁自以为是，最终发现自己是那么的渺小，离开了集体终究无法生活。过于重视自我，忽视组织价值，最终受害的还是自己。在集体生活中每个人都有责任和义务严格遵守纪律，按集体规则办事，处处以集体利益为重，正确评价集体的决策和行动。每个人都是组织的一分子，都需要客观真实地认识自我，肯定组织，需要团结和协作，脱离组织将寸步难行。

猴子的合作智慧

美国加利福尼亚大学的学者做了这样一个实验：把6只猴子分别关在3间空房子里，每间两只，房子里分别放着一定数量的食物，但放的位置高度不一样。第一间房子的食物就放在地上，第二间房子的食物分别从易到难悬挂在不同高度的适当位置上，第三间房子的食物悬挂在房顶。

数日后，他们发现第一间房子的猴子一死一伤，伤的缺了耳朵断了腿，奄奄一息。第三间房子的猴子也死了。只有第二间房子的猴子活得好好的。

究其原因，第一间房子的两只猴子一进房间就看到了地上的食物，于是，为了争夺唾手可得的食物而大动干戈，结果伤的伤，死的死。第三间房子的猴子虽做了努力，但因食物太高，难度过大，够不着，被活活饿死了。只有第二间房子的两只猴子先是各自凭着自己的本能蹦跳取食。最后，随着悬挂食物高度的增加，难度增大，两只猴子只有协作才能取得食物。于是，一只猴子托起另一只猴子跳起取食。这样，每天都能取得够吃的食物，很好地活了下来。

只有真正体现出个体能力与水平，发挥个体的能动性和智慧，才能使团队间相互协作，共渡难关。团队合作的前提是让每一个人都感觉到团队的业绩与自己息息相关，每一个人都是执行者，而非旁观者。

圆桌骑士：平等才能协作

温切斯特是古代英国首都，以 11 世纪的大教堂和城堡大厅（Great Hall）最为著名，后者 600 多年来保存着神秘的亚瑟王圆桌。

骑士是中世纪地位最高的武士。要成为骑士，必须出身贵族家庭，从 7 岁到 21 岁接受严格的道德、礼节的教育以及“骑士七艺”的训练，然后通过正式礼仪由封主授予“骑士”称号。

圆桌骑士是中世纪传说中亚瑟王的朝廷中最高等的那些骑士，因他们聚会的桌子是个圆桌而得名。

亚瑟王身边的骑士之所以称为“圆桌骑士”，是因为他们定期围坐在一个特大的圆桌旁举行会议。这圆桌原是尤瑟王特制的，可围坐 150 人，尤瑟死后，它便由李奥多格兰国王保管。

亚瑟王与李奥多格兰国王的女儿吉妮维尔结婚时，李奥多格兰国王又将圆桌作为礼物连同一百名骑士送给了亚瑟。圆桌无席首席尾之分，象征着围桌而坐的骑士处于平等的地位。那时候圆桌骑士就成为了亚瑟王下的骑士英豪的群体。他们来自不同国家，甚至会有不同信仰。

圆桌的含意是“平等”和“世界”。所有圆桌的骑士彼此平等，并且团结合作，互为伙伴。每个骑士都有自己固定的座位，座位上标有各自的姓名。只有一个座位没有标出姓名，那是保留给最纯洁、最高尚的骑士的。

温切斯特圆桌历史可及 1270 年代。每年，亚瑟将骑士们聚集到 Pentecost 的卡米洛城堡。人数从 12 到 150 不等。

Thomas Malory 爵士将骑士条例描述为：1. 永不暴怒和谋杀；2. 永不背叛；3. 决不残忍，给予请求宽恕者以宽恕；4. 总是给予女士以援助；5. 永不胁迫女士；6. 永不因为爱或言辞之利卷入争吵而战斗。

因为这平等的关系和严格的训练，圆桌骑士们团结协作，谱写了不朽的浪漫主义英雄故事。

团结协作以少胜多

英勇的波斯国王大流士一世死了以后，他的儿子薛西斯继承王位。薛西斯也是有名的波斯大帝，一度令欧洲人谈虎色变。为实现父亲的遗愿，薛西斯立志要踏平雅典，征服希腊。为此，他精心准备了4年，动员了整个波斯帝国的军力。

在著名的温泉关战役发生之前，波斯遣派了使者团进入希腊，劝说各个城邦放弃抵抗，臣服波斯帝国。波斯的使者代表甚至无耻地声称“我们只需要你们的水和土地（earth and water)”。希腊城邦团结一心，一致对外，都没有屈服，雅典甚至直接把波斯使者扔进了深坑，而斯巴达则把前来的使者扔进了一口大井，说井里有的是水和土，并且嘲讽地建议井底的波斯使者尝试自力更生，挖条通道解救自己。

公元前480年，波斯国国王薛西斯一世统率50万大军（号称500万之众)、战舰千余艘，大举进攻希腊并一路南下逼近德摩比利隘口。不可一世的薛西斯一世还向希腊各城邦发出劝降书，希望小邦们不战自降。这其中自然也包括斯巴达城。结果，薛西斯的使者在众多希腊人的反抗热潮中吃尽了苦头。此时，为了抵御强敌，勇猛的斯巴达国王列奥尼达斯亲率由各处集结而来的希腊联军约7000人，率先赶到温泉关，扼守住地势险要的关隘之地。

另一方面，已经在激烈的海战中消耗甚大的波斯军队，显然已经无法在两天内在陆战中组织起什么强烈的攻势，因此，两军的短兵相接并未一触即发。但两天后，狡猾的薛西斯派遣一支精锐部队偷袭关后，猝不及防的希腊守军很快就被击溃。为保存实力，列奥尼达斯在腹背受敌的情况下，命令希腊联军的主力迅速撤退，以保存实力。自己亲率300名斯巴达勇士垫后，与汹涌而至的数万波斯军展开了血腥的殊死搏斗。最终，这300位勇士全部战死，也让波斯军队在攻破温泉关一战中付出了两万人死伤的惨痛代价。

好莱坞将此史诗般的故事搬上银幕，取名《斯巴达300勇士》。

该片给人们最大的感触就是团结。对于以少搏多的故事题材，其实我们见得很多，但是真正能体现出团结的确实很少见。中国的以少搏多战役，影视突出的主题是将帅智慧、大智谋、大战略，主要说的是领导者的作用，小兵小卒只是微不足道的配角，而《斯巴达300勇士》则突出团队精神，突出单兵个性，是古战争中描述士兵镜头最多的。

斯巴达勇士

《斯巴达300勇士》是那么地团结，他们的盾牌要遮挡到你左边同伴的脖子然后到大腿。当第一轮进攻的时候他们组成方阵，他们一起用盾牌构筑的盾墙让敌人没有丝毫的破绽可寻，最终把第一波敌人推进了大海；等到马队到来的时候他们组成三角形矛头对外，尖锐的三角使马队失去了横冲直撞的优势；等到第三波的时候他们依旧利用盾牌防护，第一排队友盾挡，后面的队友乘机用矛戳，这样的配合实在太完美了。

这些是团结的力量，只有这样配合完美的300人才有可能击杀了2万大军。“记住我们，为自由而战，为斯巴达的信念而死。”这是斯巴达国王列奥尼达斯激励战士们的格言。300 勇士虽然没能守住温泉关，但这一战却让整个希腊团结起来。

与马比赛不如与马合作

陈安之，当今国际上继卡耐基、拿破仑·希尔、安东尼·罗宾之后的第四代励志成功学大师，也是世界华人中一位杰出的励志成功学大师，他被尊称为："信心和潜能的激发大师。"

他是全亚洲最顶尖的演说家，每小时演讲费高达 1 万美金，演讲时场场爆满，掌声不绝，激励了无数人奋发向上，突破瓶颈，实现成功致富。

他是全亚洲权威的畅销书作家、顶尖的行销大师，五项世界销售纪录的保持者，27 岁即通过自我奋斗成为亿万富翁。

陈安之作为亚洲知名的成功学权威，他创造了一种非常经典的"马上成功"之道。

他曾经问过大家，如果你与马比赛，是你跑得快还是马跑得快？

大家说，肯定是马跑得快！

陈安之又问，如果你坐在马背上，最后是你跑得快还是马跑得快？

答案是马比你跑快一个头。

陈安之说，作为一个企业的老板，与马赛跑，不如骑在马背上，跟马一起奔向成功！他把这种成功的方法叫"马上成功"法。

陈安之说的马是指什么呢？他说，老板第一件要做的事，是要选对行业，就是找到所谓的"产品马"。第二件要做的事，是选对人来公司上班，就是找到所谓的"人才马"。并且说，没有优秀的个人，只有优秀的团队。总之，这就是指帮助你达到目标的"成功系统"。

由此可见，要成功，光是优秀是不够的，还需要和更多优秀的人一起分工合作，这样才能更快更好地获得成功。

共同协作渡过难关

从前，有两个饥饿的人得到了一位长者的恩赐：一根渔竿和一篓鲜活硕大的鱼。其中，一个人要了一篓鱼，另一个人要了一根渔竿，于是他们分道扬镳了。得到鱼的人原地就用干柴搭起篝火煮起了鱼，他狼吞虎咽，还没有品出鲜鱼的肉香，转瞬间，连鱼带汤就吃了个精光。不久，他便饿死在空空的鱼篓旁。

另一个人则提着渔竿继续忍饥挨饿，一步步艰难地向海边走去，可当他已经看到不远处那片蔚蓝色的海洋时，他浑身的最后一点力气也使完了，他也只能眼巴巴地带着无尽的遗憾撒手人寰。

又有两个饥饿的人，他们同样得到了长者恩赐的一根渔竿和一篓鱼。只是他们并没有各奔东西，而是商定共同去找寻大海，他俩每次只煮一条鱼，他们经过遥远的跋涉，来到了海边，从此，两人开始了捕鱼为生的日子，几年后，他们盖起了房子，有了各自的家庭、子女，有了自己建造的渔船，过上了幸福安康的生活。

具备同等条件的两个人，前者都只顾自己，却落得个谁都不想得到的下场，后者都知道牺牲个人，结果过上了好日子。合作——在你最需要的时候，它能帮助你克服各种困难。

团结协作中的竞争问题

一般竞争的类型及特点

生活中的竞争分为很多种，大致有如下几种。

评优竞争：

评选先进典型、模范人物、重在评出优秀，有示范作用、促进作用；具有先进性，参评对象有相比性，没有对立性；有群众参与评议。

选拔竞争：

竞技比赛，招聘选拔人才，提拔干部；重在选拔人才，即按同一标准选拔；入选者名次具有唯一性；选拔对象竞争而不对立。

比学赶帮竞争：

集体中的个体比学赶帮，相互学习，先进帮助落后，落后学习并努力追赶先进；重在比较，目的是促进整体进步；没有对立性、排他性。

以上3种竞争是青少年朋友比较常见的。

创新超越竞争：

发明高新科技，创新改革措施，超越先进，敢为人先；弃旧立新，新旧对立但不对抗，有时能共存；没有对立性、排他性。

建功立业竞争：

个人在本职、本岗建功立业，自觉努力争先，创业绩，比贡献；有竞争意识，但不公开比试高低，是隐形竞争；没有对立性、排他性。

生死存亡竞争：

战役决战，战场争斗；有排他性和不可调和的对立性，目的是压倒以至消灭对方。

一般合作的类型与特点

求同存异式的合作：重在求同，不计相异，容许个性存在和发展，以求共性合作，旨在为共同利益而共同合作。

优势互补式的合作：各自发挥优势，相互利用，取长补短，以求共同发展，双方互补。

资源共享式的合作：各自的人力、物力、财力，为双方共用共享，最大限度地发挥效益，双方互利。

共事合作：领导群体或合作共事的双方或多方。

合作对象：上下级合作、同级分工合作、相关部门合作（三类）。

合作工作关系：平行、交叉、含容、从属（四种）。

合作原则：你中有我，我中有你，你借我势，我助你力。

合作策略：沟通理解，协调步调，化解矛盾。

人际关系：互相爱护，互相关心，互相帮助。

专题或全面合作：即时组合，专题攻关；或长期联合，全面合作。同心协力，目的明确，分工负责，相互支持。

行业或集团合作：行业或集团联合。有行业或集团合作规则，有保护同业或集团利益的政策，有各自责任和义务。

地域或部门合作：为特定目的，同一地理环境、同一归属部门之间的专门合作。

亲情关系合作：重在情感纽带相连，达到默契、同一，利弊皆有（应兼顾法、理、情）。

公平竞争，真诚合作

事物都是相互比较而存在的，相互竞争而发展的。无论个人、还是群体，竞争与合作都是为了生存与发展，除生死存亡竞争之外，大都是在共谋发展中竞争与合作，不是对立的和不可调和的。因此，我们主张公平的、积极的独立竞争和平等的、真诚的、互利的合作。这样，才能把竞争与合作作为动力，促进事物发展，实现自我价值和群体价值。我们要参与竞争，更要加强合作。

不少青少年甚至成年人认为，竞争就是你死我活，竞争就不能有合作。竞争双方似乎注定是利益截然对立的“冤家”对头。其实，换一种思路看，情况并不一定是这样。拿有争议的名人名事故地等旅游资源的开发、利用来说，双方何不来个“不同而和”、资源共享、联合开发、共同发展呢？如果双方联手，你把游客送到我这里，我把游客送到你那里，岂不是双赢？而且，游客也学会了比较、增长了见识。当时，我在南阳、襄阳之行前，是通过“臣本布衣，躬耕南阳”、“我本是卧龙岗散淡的人”等文献，把诸葛亮、卧龙岗和隆中连成一条直线的。及至亲临其境，方知卧龙岗在南阳，而隆中则在襄阳。如果不是南阳同志的盛情与大度，我也不会增加这方面知识。

社会主义市场经济不能没有竞争。有竞争才能激发动力、增强活力，促使企业不敢稍许懈怠，不断推进科技进步，改善经营管理，降低成本，提高质量，增加效益。建设和发展也不能没有合作。有合作才能优势互补、取长补短、收拢五指、攥紧拳头、形成合力。马克思说得好，协作不仅可提高个人的生产力，并且是“创造一种生产力”，产生一加一大于二的神奇效果。聪明的人不但要积极与伙伴合作，也要勇于与竞争对手合作，并从中获益。

如今，国外发达国家越来越多的大公司通过组建联盟参与全球竞争。竞争之中有合作，合作之中有竞争，这是对传统的竞争理念和模式的超越，是适应形势发展的必然选择。我国也有一些企业开始提出并实践这一理念。实践证明，过去那种仅仅把同行看成是“冤家”，认为有竞争就不能有合作的观点是片面的、有害的，它往往造成不必要的摩擦、内耗及浪费。而把竞争与合作结合起来，既竞争又合作，就能突破孤军奋战的局限，把自身优势与其他企业的优势结合起来，把双方的长处最大限度地发挥出来，既提高自己也提高别人的竞争力，实现双赢或多赢。

团结就是力量，联合就有优势。愿人们更明智地处理竞争与合作的关系，在积极竞争的同时，发扬光大团结协作精神。公平竞争，真诚合作，这样，才能把我们的事业发展壮大，越办越好。

竞争不是你死我活

这是一个小地方，经济落后，老百姓的口袋里并不宽裕。

麻雀虽小，五脏俱全，盘踞着大大小小数十个超市和商场，城区不大的面积里拥挤着五家大型超市。商业不比供电、通信、石油，是高度竞争领域，没有人撑腰，几家超市一直在肉搏战。

当地有一家规模最大的超市，且叫它本地超市吧。在本地超市对面，是一家浙江人开的超市，叫华兴。华兴和本地超市虽然仅仅一街之隔，但华兴的人气远远比不上对方，于是，华兴从一开始就打价格战，什么东西都比对方便宜一点点。因此很多人都是比了这家再去那一家，甚至比了之后，再杀回来，反正只是一条马路的距离。经济落后的地方，老百姓有的是时间。

这两家超市的“暗战”有时还真值得人玩味。

同样的蒙牛香芋巧克力雪糕，在北京前门一块钱一根，在东莞和深圳卖一块五，在本地超市卖一块三，在华兴只卖七毛。

同样的统一泡椒牛肉方便面，在广州沃尔玛卖一块八，在本地超市卖一块五，在华兴只卖一块两毛五。

同样的无籽西瓜东莞卖九毛钱一斤，在本地超市卖五毛八，在华兴卖四毛。

类似的例子太多，不一一列举。

你也许会问：华兴卖得这么便宜，一街之隔的本地超市不完蛋了？

本地超市不仅没有完蛋，而且人气越来越旺，生意越做越好，还到黄州以外的八个县市开办了多家分店。而在四年前，情况可不是这样。

当时，本地超市生意远没有现在这么红火，东西卖得比较贵，规模也比现在小很多，但由于竞争对手太少，倒也还支撑得下去。只是苦了消费者，说是超市，价格和原来的零售没有什么差别，一样的贵。

一年之后，也就是2003年，浙江人来了，他们看中了本地超市对面的国贸，国贸在与本地超市的竞争中败下阵来，浙江人出资，国贸更名为“华兴”。

然而华兴开业之后，消费者依然不买账，生意冷清。浙江人投进来的真金白银眼看着就要付之东流。

无奈，浙江人开始了价格战。首先他们把时令水果和蔬菜的价格降了下来。

萝卜白菜价格一降，生意立即有了起色，而且浙江老板发现：老头儿、老太太买了便宜的萝卜白菜，他们还会买酱油、奶粉，买牙膏、洗发水，关键是要把老头儿老太太吸引进来。

尝到了甜头的华兴，于是把时令水果和蔬菜的价格降得越来越诱人。

华兴对面的本地超市也注意到了，这个自己曾经的手下败将在更名改姓之后，打起了水果和蔬菜的主意，而且的确吸引了不少的客流。如果坐视不理，很可能会养虎为患，于是，本地超市也开始将计就计。

本地超市首先把水果和蔬菜的价格降到了与华兴同样的水准，效果立即显现。

本地超市还发现，华兴的收银台效率不高，顾客买了便宜东西，如果要排长时间的队，也是要骂娘的。于是，本地花了大价钱，专门对收银员进行业务培训，收银速度大幅提升。我去过全国不少大中城市的超市，中资的、外资的，广州的这家本地超市收银速度堪称一流。

华兴很快发现了一些老头儿老太太专门挑选便宜水果和蔬菜，其他的货品一律跑到对面的本地超市去买，于是，他们又推出一招：一次性购物满 89 元，就送鸡蛋啦、花生油啦。这一步棋，又将了本地超市一军。

……

两家超市的战争打了 3 年，还将继续下去。其实两家各有特点，这些年他们也在扬长避短。同时，消费者是不一样的，两家吸引的也是不一样的消费群。华兴是私营企业，决策效率高，价格战打得更坚决、更迅速，吸引到了不少中老年顾客。而本地找到了自己的优势——规模比华兴更大，货品比华兴更齐，消费者多为社会地位高、家庭收入高、购物热情高的"三高"人士，一站式服务是华兴无法做到的。

如果是搞垄断，可能会使诸葛亮变成阿斗，而良性竞争的结果，不仅让消费者受益，也让商家得到了充分的发展。如果没有浙江人来收购华兴，本地很可能会继续中庸下去，不可能像今天这样一直发展和前进。看看美国和欧洲，竞争是魅力无穷的。竞争，让整个国家受益，社会才会少一些腐败，多一些活力。通过这些事例，我们可以看到：团结不是搞垄断，竞争也不是你死我活。

竞争与合作的关系

竞争和合作都是社会存在与发展的必要条件。所谓竞争，是指个人或群体在一定范围内为谋求他们共同需要的资源而进行比较、追赶和争胜的过程；而合作则是个人或群体为谋求共同的目的彼此配合的社会行为。

但要判断竞争与合作哪一个更能使文明进步，则要在理论与事实上判断何者更能推进现代社会的发展和刺激个人积极性的发挥，以实现人民共有的目标。

从现代社会的发展趋势来看。社会在新陈代谢的竞争中实现，文明在挑战与应战的循环中发展。经济增长作为竞争性的发展过程，导致组织与组织、国家与国家之间竞争力的变换，你追我赶的发展竞争可使落后成为先进，社会就是遵循这种永恒的竞争法则走向现代，走向未来。

从现实效率与公平的目标看。对个人而言，竞争的前提是人人都有机会参与竞争，其结果必然是优胜劣汰，这就保证了社会公平；竞争的过程就是各尽其能，按劳取酬，这又激励了个人积极性的发挥。

从竞争与合作的内在关系看，竞争是绝对的，合作是相对的。合作以竞争为前提。竞争的压力往往促使人们为了获得更多的资源寻求合作，但合作伙伴的构成与合作策略的确定就必须通过选择，而合作的目的也无非是将每个成员的力量整合为团体的竞争力。

现代社会的存在与发展力竞争提供了良性的社会规则，是竞争在合理有序的条件下顺利进行，从而充分实现其功能。在这个呼唤强者的时代，竞争不仅是对时代的要求，更是对人性的挑战，让我们直接面对这个竞争的时代吧！

竞争与团结协作是对立的

有两个人在树林里过夜，突然树林里跑出一头大黑熊来。

其中的一个人忙着弯腰穿球鞋，另一个人对他说："你把球鞋穿上有什么用？反正我们跑不过熊啊！"

忙着穿球鞋的人说："我不是要跑得快过熊，我只要跑得快过你就可以了。"

故事乍听起来有点无情，但竞争有时候就是如此残酷。毕竟我们面对的世界，是一个充满变数并且竞争非常激烈的世界，跑得快与不快，很可能成为决定成功与失败的关键。"快"、"好"、"能干"、"聪明"其实都是相对的，有的时候知道我们的竞争对手是谁非常重要。

从这个故事可以看出，竞争与合作是对立的。

竞争，是不同对象向同一目标、按同一标准比试高低、优劣，为了自己方面的利益争胜。竞争对象都具有超越意识，敢为人先的进取精神，有压倒竞争对象的决心、意志。

竞争者展现个体价值（素质、能力、水平、业绩）。强调竞争个体自主独立，目的是超越竞争对象，有激励作用。竞争有先进性和唯一性，一般没有排他性和对抗性。

合作，是不同对象为了共同目标、目的、利益和愿望而一起工作。不同对象都具有合作意识和要求，强调团结合作，共存，共事，共荣，相互依赖；或共同发挥团队精神，以求整体（集体）优化。既体现个体价值，又需要合作双方或多方共同努力，实现共同价值或群体价值。合作允许相互包容、交叉，没有排他性；有合作共事的主观愿望、客观条件和共同遵守的规则，有融洽和谐的合作氛围（特别是人际关系）。

竞争与团结协作是统一的

古代日本有经验的渔夫发现，一群被打捞的懒惰的沙丁鱼，很快会因为静止不动而死亡，如果将几条沙丁鱼的天敌的鲇鱼放入当中，由于鲇鱼在追杀沙丁鱼，给沙丁鱼带来一种危机感，它们奋力游动，从而避免了由于窒息而亡。这便是有名的“鲇鱼效应”。

无独有偶，同样的趣事也发生在其他动物之中。

国外有一家森林公园，曾经养殖了几百只梅花鹿。尽管环境幽静，水草丰美，加之工作人员精心照顾，又没有天敌猎杀他们，而几年以后，鹿群非但没有发展，反而病的病，死的死，竟然出现了负增长。

后来经专家建议，他们买回几只狼放置在公园里，在狼的追赶捕食下，鹿群只得紧张地奔跑以逃命。

这样一来，除了那些老弱病残者被狼捕食外，其他鹿的体质日益增强，数量也迅速地增长着。

人天生有种惰性，没有竞争就会固步不前，习惯躺在功劳簿上睡大觉。竞争对手就是追赶梅花鹿的狼，时刻让梅花鹿清楚狼的位置和同伴的位置。跑在前面的梅花鹿可以得到更好的食物，跑在最后的梅花鹿就成了狼的食物。按照竞争规则，“头鹿”获得更好的生存，而“末鹿”被吃掉、被淘汰。

竞争不是你死我活，而是与对手合作，共存共荣，这就是竞争与合作的最佳结果。

因此说，竞争与合作又是统一的。一般地说，竞争（除生死存亡竞争之外）要求合作。竞争促进合作。从事物的存在与发展的过程看，更多的是彼此共存，相互依赖。合作产生竞争，合作孕育着新的竞争。只有善于合作，借势助力，才能在合作中发展自己，才能增强参与新的竞争的实力，竞争和合作都是促进事物发展的动力。

“商场上没有永远的朋友，也没有永远的敌人”。这蕴含哲理的名言揭示了竞争与合作的辩证关系，竞争不排斥合作 。

台湾广告界有句名言：“与其被国际化，不如去国际化。”

这说的都是一个道理。

竞争中的注意事项

美国商人们中有句名言：“如果你不能战胜对手，就加入到他们中间去。”现代竞争，不再是你死我活，而是更高层次的竞争与合作，共存共荣。

那么，在现代社会中参与竞争，我们应该遵守哪些规律呢？

（1）克制妒忌的危害。在竞争中，妒忌表现为使用不正当手段打倒实力比自己强的人，或讲别人坏话，不让对手超过自己。竞争的第一忌就是妒忌。在现实生活中，经常存在一些能力较差，却受了重用的人，这不值得气愤与妒忌，应该客观公正地去评价，不能把社会生活中的一切利害关系夹带进去，带上个人感情色彩。这样才能得出正确结论。

（2）竞争中提高心理素质。有竞争就有强弱之分，弱者必须承受得住失败的打击。你在这次竞争中失败了，并不说明你在将来的竞争中注定也要失败；你在这方面的竞争中失败了，并不说明你事事不如人。你要克服自卑心理，选好努力的方向，下决心追赶上去才对。自暴自弃的思想要不得。另外，失败者由于败北，容易产生忌恨和报复的心理，所以必须学会心态稳定。

（3）提高自信心。人人都有成功的机会，人的一生中充满了各种竞赛和竞争，成功有先后，胜利会迟早，社会总是前进的，所以每个人都应以乐观向上的态度投入竞争；竞争之中保持良好的合作，强盛之后不忘提携幼弱同胞，切不可争一日之长短而有损于自己的素质与品德。有这样一句话值得借鉴："事业上的竞争与做人是不矛盾的，良好的品格修养只会在竞争上有利于你。"

如果对竞争做一个层次划分，最下一层的竞争是为了自己的利益，不择手段，哪怕置别人于死地也不顾；中层的竞争是我不会采用卑劣的手段，但我也不想管你的事，你走你的石板路，我走我的独木桥；上层的竞争是指向互赢的，他们知道追求事业也好，走进生活也罢，没有永远的赢家，只有永远的合作，一个聪明的人在竞争的时候，应该把一种高尚的生活哲学传达给对方，走共同发展的道路。

天高任鸟飞，海阔凭鱼跃。让我们走向竞争天地，在"百舸争流"中超越自我，完善自我。

只竞争不团结的教训

一只青蛙看自己的耗子邻居很不顺眼，总想找个机会教训教训它。

一天，青蛙见到耗子，劝它到水里玩。耗子不敢，青蛙说有办法保证它的安全，用一根绳子把它们连在一起，耗子终于同意一试。

下了水，青蛙大显神威，它时而游得飞快，时而潜到水底，把耗子折腾得死去活来。耗子最后被灌了一肚子水，泡胀了漂浮在水面上。

空中飞过的鹞子正在寻找食物，发现了漂浮的耗子，就一把抓了起来，相连的绳子把青蛙也带了起来，吃掉耗子后，意犹未尽的鹞子把嘴又伸向青蛙。

在被鹞子吃掉之前，青蛙后悔地说："没想到把自己也给害了。"

竞争是有规则的，当我们采取了不正当的手段去对付竞争对手的时候，也许我们自己已经踏进了失败的门槛。虽然现在的社会竞争激烈，但是善待竞争者、宽容竞争者、团结竞争者仍然是非常必要的。至于不正当的竞争，那更是害人害己。

同学中的竞争与合作

“好球!”“打得真棒!”乒乓球馆里传来一阵阵喝彩声。全体同学们围着一张球台，观看小明与李放进行的校级乒乓球最终决赛。

只见球台上，小明进攻犀利，一板连着一板地扣球，看得大家眼花缭乱；李放呢，不慌不忙，稳稳地接起一个个球，伺机反击。经过激烈的争夺，小明以微弱的优势战胜了李放，获得了冠军。他们二人也同时入选学校的乒乓集训队，准备参加市小学生公开赛。

每天放学后，小明与李放都准时来到球馆，进行训练。这天，李放突然对小明说：“小明，你的正手进攻威力太强了，有什么诀窍吗？你教教我吧!”看着李放期待的目光，小明正要说，心里一个念头突然冒了出来：“教练说，本次比赛，要在集训队员中选出主力和替补选手，现在，如果我把所有的技巧都告诉李放，他的水平超过我了，他不就是绝对的主力队员吗?”小明一下子犹豫起来，吞吞吐吐地：“今天太累了，改天可以吗?”

小明再也没心思训练了，匆忙离开了球馆。一边走，一边不停地念叨着：“到底要不要把进攻的秘密告诉他呢?”教吧，自己明显失去了优势；不教吧，似乎又说不过去……小明思考了半天，也没理出头绪。“算了，还是明天去问问王教练吧！他一定能为我排忧解难的。”

第二天一早，小明一到学校就找王教练来了。听了他的叙述，王教练直接告诉他：“其实，你面临的问题，就是竞争与合作的问题。在生活中处处有竞争，要有超过对手的想法与行动，能保证你能走在别人的前头；但竞争与合作并不是对立的，如果非要争个你死我活，往往是两败俱伤。这时，不妨进行必要的合作，共同提高双方的水准，达到‘双赢’的目的。”

小明插嘴了：“王教练，我还是没弄懂你说的意思。”

王教练说：“我给你讲讲最近人们说的‘龟兔双赢理论’吧。据说，龟兔又比赛了多次，互有输赢。后来，龟兔合作，兔子把乌龟驮在背上跑到河边，然后乌龟又把兔子驮在背上游过河去。这样双方在比赛中都没遇到任何的障碍，这就是‘双赢’，竞争对手完全也可以是合作的伙伴。同样的道理——现在，你要参加乒乓球比赛，你不妨把进攻的秘诀教给李放，而李放的防守是他的特长，你也可以让他把防守的诀窍告诉你，这样，你们两人不就都得到提高了吗？相信你们由竞争者转变为合作者，乒乓球水平都会更进一步，难道还担心不能成为主力队员？”

小明恍然大悟。

不久后，小明与李放代表学校参加了公开赛，他们搭档参加的男子双打比赛一路过关斩将，最终获得了冠军。

通常意义上的竞争，是两个或两个以上的个人或群体，在某项比赛中力争胜过对方的行为。即双方争夺一个目标，且只有一方得胜。而所谓合作，是指两个或两个以上的个人或群体，为实现共同目标在某项活动中联合协作的行为。双方有一致的目标，而且双方共享结果。我们应该把竞争与合作放在同等重要的位置，使自己达到更高的境界。

跳棋中竞争与合作的智慧

跳棋是一种可以由二至六人同时进行的棋，棋盘为六角星型，棋子分为六种颜色，每种颜色 10 或 15 枚棋子，每一位玩家占一个角，拥有一种颜色的棋子。跳棋是一项老少皆宜、流传广泛的益智型棋类游戏。

跳棋的游戏规则很简单，棋子的移动可以一步步在有直线连接的相邻六个方向进行，如果相邻位置上跳棋有任何方的一个棋子，该位置直线方向下一个位置是空的，则可以直接“跳”到该空位上，“跳”的过程中，只要相同条件满足就可以连续进行。谁最先把正对面的阵地全部占领，谁就取得胜利。一玩就懂，一辈子都不会忘，所以几乎每个人从小到大都下过跳棋。

下过跳棋的人都知道，6 个人各霸一方，互相是竞争队手，大家彼此都想先人一步，将自己的6颗玻璃球尽快移到预定地点。如果你只讲求合作，放弃竞争，一味地为别人搭桥铺路，那别人会先到达目的地，而你则会落后于人，最终落得个失败的下场；相反，如果你只注意竞争，而忽视合作，一心只想拆别人的路，反而延误了你自己的正事，你还是不会获胜的。

不肯合作的后果

西方有个传说，有一位品格很差的老妇人死去了，她一生没做过一件善事。鬼把她抓去，扔到火海当中，守护她的天使站在那儿，想帮她想出她生前做过的一件好事，好去对上帝说情。

天使想了很久，终于她想到恶妇人曾在菜园里拔过一根葱施舍给一位老乞丐。于是天使跑去对上帝说了。

上帝对天使说："那好吧，你就拿一根葱去拉她吧。如果能从火海中拉出来，她就上天堂。如果葱断了，那个女人只好在火海中，和现在一样。"

于是天使跑到火海边，把一根葱伸给那个女人。并对她说："喂，女人。你抓紧了，等我把你拉上来。"

眼看着就要拉上来了，可火海里的其他罪人也想被拉上天堂。但坏女人用脚踢他们，还说："人家天使拉的是我，又不是你们，那是我的葱，不是你们的。"

她话刚说完，葱就断了。

后来那坏女人才知道，其实那根葱本可以拉许多人一起上天堂的，上帝想借此考验一下她，可她没有经受住这一考验。

可怜又可恨的恶女人正是因为不明白竞争与合作是统一、不可分割的这一道理，因而不能升入天堂，享受欢快幸福，只能接受着地狱火海的煎熬。

所以青少年朋友一定要知道团结协作的重要性，不要被社会上、生活中夸大的恶性竞争迷失了自己。

关键时刻团结很重要

汉末三国时期曹操部下有五员大将，他们分别是：张辽、乐进、于禁、张郃、徐晃。《三国志》的作者陈寿将上述五人的列传合为一传，并在评论中说道：“时之良将，五子（指上述五人）为先。”后人因称五人为“五子良将”。

有一次张辽、李典、乐进三人共守合肥。有一天，孙权发兵十万来攻打，张李二人是五子良将之二，同等功绩，以前素有矛盾，但面对强敌，仍能团结互助，共进共退，终于大破敌军。

那么这三人的矛盾具体如何呢？且看下文分析。

李典、乐进是曹操最早的武将，属于元老级的，所以对张辽这个晚加入的武将肯定有些倚老卖老的味道。二人也是自始至终跟随曹操的武将，而张辽呢，先属董卓，后归吕布，最后才加入曹军，这就更增加了李、乐二将对张辽的排斥和歧视。

张辽在加入曹军后，从刀劈单于，到射伤黄盖，从计杀太史慈，到守卫合肥，他的风头总是盖过李、乐二人，所以乐、李二人还有嫉妒的成分。

张辽的军职也后来者居上，比李、乐二人的高，而且张辽和敌手、蜀汉的关羽交情深厚，使李、乐二人更加不满。

下面，我们就可以客观想想，我们自己是李、乐二人。

我是一开始就跟随领导的部下，忠心耿耿，经历了创业的艰苦。可是，突然一天，领导却对一个新加入的部下非常重用，授予给他比自己高的职务，对他比对自己要好得多。而且这个部下原来还是敌方的部下，而且还拥有一个关系密切的敌方的朋友。虽然，他的实力确实比我强，确实比自己出了不少风头，建立了不少功勋。但是，我就是再好脾气的人、再宽容的人，心里能没有疙瘩么？

再假设，我们是张辽。

我虽然加入晚，我虽然原来曾和你们干过架，但是我毕竟以自己的实力和才能建立了比你们大得多的功勋，你们怎么就是看我不顺眼呢？你们凭什么歧视我呢？我是凭自己本事的啊？就算我脾气好，就算我能忍让，你们老是这样，关系搞不好，心里疙瘩总是有的啊。

不过，事情发展到最后还是可喜的。在兵临城下的关键时刻，面临生死的紧急关头，在将国家利益放在第一位的目标下，张辽、李典、乐进三人终于团结起来了，取得了合肥之战的伟大胜利。经历了这次震撼的壮举，他们的关系一定变得非常紧密，一次重大事件的发生，往往能改变很多东西。尤其是战争，战友在共同的目标下，会永远地消除以前的恩怨。

战友——这是一个崇高的、最伟大的称呼！

张辽将军、李典将军、乐进将军，你们是好样的。

政敌之间的竞争与团结

管仲和鲍叔牙年轻时就是很要好的朋友，经常在一起，彼此都很了解。后来，他们都在春秋初期的齐国宫廷做官，管仲辅佐齐公子纠，鲍叔牙辅佐齐公子小白，两人各事其主，并没有什么特别的竞争关系。不过，事情很快发生了变化。

公元前694年，齐国宫廷发生内乱，为避祸端，管仲和召忽护送公子纠到了鲁国；鲍叔牙护送公子小白投奔卫国。公元前685年春，齐国国君被人杀害，在公子纠和公子小白之间发生了一场争夺国君继承人的激烈的政治斗争。此时，管鲍二人之间的政治立场是截然不同的，可以称之为“政敌”。

管 仲

公子纠在鲁国的支持下，日夜兼程赶往齐国，并派管仲带兵在卫国通往齐国的路上拦击公子小白。双方遭遇，公子小白没有多少兵马，抵挡一阵之后，只好逃命，管仲毫不客气，上前追杀，张弓搭箭，一箭射中小白，幸亏箭被腰带挡住，小白才免于一死。公子小白借势咬破舌头，喷出一口鲜血，倒在地上佯装被射死。管仲被小白蒙混过去，对他的死深信不疑，便带兵护送公子纠回齐国去了。鲍叔牙开始是紧随小白左右的，混战之中他与小白被打散了，管仲走后，他找到了小白。这时，小白因伤痛晕了过去，鲍叔牙也以为小白死了，伏尸痛哭。小白被鲍叔牙痛哭时左右摇动，苏醒过来。鲍叔牙见状，悲喜交加，连忙把小白扶起，解下那救命的腰带，召集所剩随从，抄小路率先赶到齐国都城，夺得了王位，称为齐桓公。那时，齐强鲁弱，小白即位后，逼鲁国杀了公子纠，引渡管仲，这场争夺王位的斗争才告结束。

鲍叔牙辅佐齐桓公取得了君位，国相这个职务当然非他莫属了。但是，当齐桓公任命他为国相的时候，他一再推让并力荐他的竞争对手管仲。鲍叔牙对齐桓公说："您如果仅仅打算把齐国治理好的话，有我等一班人辅佐就足够了，但如果您想使齐国强大，称霸诸侯，那就非管仲辅佐不可。"

齐桓公问："为什么呢？"

鲍叔牙说："我有五点不如管仲：对人民宽厚仁爱，使他们能够丰衣足食，我不如他；治理国家能够维护国家尊严，不丧失国家主权，我不如他；团结人民，并使他们心悦诚服，我不如他；根据礼义原则制定政策，使所有的人都能共同遵守，我不如他；临阵指挥，使将士勇往直前，我不如他。而这五个方面，正是执政者所不可缺少的啊！"

齐桓公

齐桓公本来是要亲自处置管仲的，但是，听了鲍叔牙的介绍后，他不计一箭之仇，任命管仲为大夫，后又拜他为上卿，主持国家政务。

管仲果然不负所望，他"相桓公，霸诸侯，一匡天下（管仲辅佐齐桓公，称霸诸侯，扭转了天下的混乱局面）"，维护了中原地区的先进文化和社会安定。就连孔子也不得不称赞他说："没有管仲，现在我们大概都要披着头发，穿着敞开衣襟的衣服，受着异族的统治，成为野蛮人了。"

鲍叔牙对管仲一贯的照顾、关心和爱护，管仲心里是清楚的，也非常感激他。管仲说："我当初贫困时，曾经与鲍叔牙一起做生意，在分财利时，我总要多分一些，但鲍叔牙并不认为我贪财，他体谅我家里穷，需要钱用，我曾经帮助鲍叔牙去办事，结果事没办成，但鲍叔牙并不认为我愚蠢无能，还常常宽慰我；我曾经三次做官，三次被君主罢免，但鲍叔牙并不认为我没有才干，而是认为我没有碰上识才的君主；我曾经三次打仗，三次败逃开了小差，但鲍叔牙并不认为我怯懦怕死，他知道我有老母在家，需要照顾；公子纠和公子小白争夺王位，公子纠失败被杀，当时我和召忽都侍奉公子纠，召忽为保全气节自杀了，而我却被囚禁起来，忍受屈辱，但鲍叔牙并不认为我不知羞耻，他知道我不羞于小节，而以功名未显扬天下为羞耻。生我的是父母，而真正了解我的是鲍叔牙啊！"管仲说的这段话如果以我们今天的评价标准来衡量，当然问题不少，比如说，打仗开小差，怎能以家中有老母亲需要照顾为理由呢？但是，这段话也可以给我们一些启示，任何人都是有缺点的，看一个人要看他的本质和主流，做到量才使用。两千多年前的鲍叔牙就知道这个道理，极力推荐管仲，为齐国的强盛做出了卓越的贡献。

管仲被任命为上卿后，鲍叔牙心甘情愿位居管仲之下，所以，当时以及后世不仅称赞管仲的才干，而且更加称赞鲍叔牙的识才让贤。后来，管仲与鲍叔牙竞争中仍友好合作的友谊被视为知己的典型。

如何处理竞争与合作的关系

竞争与合作的辩证关系到底如何？

竞争和合作构成人生和社会生存和发展的两股力量。

（1）竞争中有合作，合作中有竞争，竞争与合作是统一的，是相互渗透，相辅相成的。

(2) 竞争是有层次的。小到个人与个人之间的竞争，大到国与国之间的竞争。竞争层次的客观性决定了无论何种竞争都离不开合作，竞争的基础都在于合作。

(3) 竞争和合作是辩证统一的。没有合作的竞争，是孤单的竞争，孤单的竞争是无力量的。合作是为了更好地竞争，合作愈好，力量愈强，自然成功的可能性就愈大。

竞争与合作作为一对范畴是辩证统一的关系。所谓辩证统一就是相互渗透，相互作用。所以对竞争与合作的理解要以对马克思主义基本原理的理解为基础。

那么，在竞争与合作中，如何正确处理两者之间的关系呢？

1、处理好个人与集体的关系。

2、处理好自己和他人的关系。

3、处理好主角和配角的关系。

任何竞争与合作，归根到底都离不开个人的努力。没有个人努力的集体，是缺乏生机活力的松散集体；没有集体价值导向的个人努力是各行其是、力量内耗的个人努力；这都限制了个人积极性的发挥程度，又可能使个人努力背离集体利益而误入歧途。因此要正确处理好个人和集体的关系。事实上，无论是竞争还是合作，都要处理好自己与他人的关系。要会欣赏别人，发现别人的长处，虚心地向别人学习，才能在竞争中超过别人。也只有这样才能愉快地接纳别人，才会获得别人的好感，找到合作伙伴，在合作中成功。所以，要处理好自己与他人的关系。主角要担任主要责任，充分调动配角的个人积极性；配角要胸怀大局，密切配合，当好配角。那种互不服气、斤斤计较个人得失的思想是很有害的。以整体利益为重，以工作为重，才能成功。所以，要处理好主角与配角的关系。

人与自然的竞争与合作

现代社会是一个竞争与合作的社会，现代人不仅应具备竞争意识，更应具备合作意识，一方面要保持独立的个性意识，自强、自立，另一方面，更要有集体观念和团队精神及可持续发展的战略眼光。此外，人类与自然，人类与社会之间做到共存、共荣、共同积极地营造一个融洽和谐的竞争环境的意识，从而更好地发挥个体的智慧和创造力，加速个人的人生进取和团体的事业成功，最终实现社会经济发展和人口、资源、环境相协调。

在人类共有的这个生存环境中，资源是有限的和共享的，所以人与自然之间的和谐相处是人类社会进步发展的必然选择。淹没在漫漫黄沙之下的美索不达米亚平原和楼兰古国在警示人们：不尊重自然，违背客观规律，必然遭到自然界的“报复”。

我国是矿业大国，矿业开采、经济增长不能以浪费资源、破坏环境和牺牲子孙后代利益为代价。我们“需要金山银山，更要绿水青山”，在发展过程中不仅要尊重经济规律，还要尊重自然规律，充分考虑资源、环境的承载能力，加强对土地、水、森林、矿产等自然资源的合理开发利用，保护生态环境，促进人与自然相和谐，实现可持续发展。

在矿业发展中，我们要坚决禁止无序开采、破坏自然的做法，坚决摒弃先破坏后治理、边治理边破坏的做法，就是贯彻落实科学发展观，谋求人与自然和谐相处的生动写照。

随着经济的迅猛发展，个人之间、群体之间的竞争都呈现越来越激烈的态势，但与此同时，人们对合作的要求也越来越多，合作也越来越紧密。既竞争又合作，在竞争中合作，在合作中发展，成为我们这个时代的特点。

所以，我们在这样一个新的时代应该学会做到：不但要积极与伙伴合作，也要勇于与竞争对手合作并从中获益。现代竞争，不再是“你死我活”，而是更高层次的竞争与合作，现代企业追求的不再是“单赢”，而是“双赢”和“多赢”。

马克思说得好，协作不仅可提高个人的生产力，而且是“创造一种生产力”，产生一加一大于二的神奇效果。

美国可口可乐公司与百事可乐公司曾为了争市场而展开了长达半个世纪的激烈竞争。可他们的竞争是“未必要打倒敌人”。当大家对百事可乐——可口可乐之战兴趣盎然时，双方都是赢家，因为饮料大战引起了全球消费者对可乐的关注，大家都来喝可乐。可乐大战给人们的启迪是，并非只有“消灭”对手，才是促进自身发展的唯一途径。在有些情况下，接受对手的存在并善待对手，也同样能够促进自身的发展。

所以说竞争中需要合作，竞争与合作既对立，又统一。二者相互渗透，相辅相成。竞争不能忘合作，没有合作的竞争算不上是积极向上的竞争。只有既竞争又合作，我们的事业才能取得成功，经济才能繁荣，社会才能走向生产发展、生活富裕、生态良好的文明发展道路。

竞争对手存在的意义

在秘鲁的国家级森林公园，生活着一只年轻美洲虎。由于美洲虎是一种濒临灭绝的珍稀动物，全世界当时仅存 17 只，所以为了很好地保护这只珍稀的老虎，秘鲁人在公园中专门辟出一块近 20 平方千米的森林作为虎园，然而，让人感到奇怪的是它并未王者之气十足地纵横于雄山大川，啸傲于莽莽丛林，甚至未见它像模像样地吼上几嗓子。人们经常看到的是它整天呆在装有空调的虎房里，或打着盹儿或耷拉着脑袋，睡了吃，吃了睡，一副无精打采的熊样。

后来，管理员们从别的动物园引进了几只美洲豹投入进了虎园。这一招果然奏效，自从美洲豹进了虎园的那天，这只美洲虎就再也躺不住了。

它每天不是站在高高的山顶愤怒地咆哮，就是有如飓风般俯冲下山岗，或者在丛林的边缘地带警觉地巡视和游荡。老虎那种刚烈威猛、霸气十足的本性被重唤醒。它又成了一只真正的老虎，成了这片广阔的虎园里真正意义上的森林之王。

一种动物如果没有对手，就会变得死气沉沉。同样的，一个人如果没有对手，那他就会甘于平庸，养成惰性，最终导致庸碌无为。一个群体如果没有对手，就会因为相互依赖的潜移默化而丧失活力，丧失生机。

美洲虎因为有了美洲豹这样的对手，才重新找回了逝去的光荣。有了对手，才会有危机感，才会有竞争力。有了对手，你便不得不奋发图强，不得不革故鼎新，不得不锐意进取。否则，就只有等着被吞并，被替代，被淘汰。许多的人都把对手视为是心腹大患，是异己，是眼中钉、肉中刺，恨不得马上除之而后快。其实只要反过来仔细一想，便会发现拥有一个强劲的对手，反而倒是一种福分，一种造化。因为一个强劲的对手，会让你时刻有种危机四伏的感觉，它会激发你更加旺盛的精神和斗志。

善待你的对手吧！千万别把他当成“敌人”，而应该把他当作是你的一剂强心针，一个推进器，一个加力挡，一条警策鞭。善待你的对手吧！因为他的存在，你才会永远做一只威风凛凛的“美洲虎”。

独孤求败：没有竞争的寂寞

跟一般人害怕竞争截然不同，一个人在个人领域达到了“前无古人后无来者”的境界时，竟然会十分希望能够找到一个竞争对手。前文里的动物园的美洲虎大概也是这么想的吧。

独孤求败是金庸小说中最神秘的人物之一，分别在《笑傲江湖》和《神雕侠侣》中出现。令狐冲和杨过通过他的一技最终成为超一流高手的。

书中独孤求败曾在石壁上写道：“纵横江湖三十余载，杀尽仇寇，败尽英雄，天下更无抗手，无可奈何，惟隐居深谷，以雕为友。呜呼，生平求一敌手而不可得，诚寂寥难堪也”。

这就是竞争的最高境界，不断地寻求竞争对手，而不是不思进取，不是搞垄断，不是堕落。

无独有偶，同样的事情甚至会出现在人们认为最害怕竞争的商业领域中。

可口可乐是全球销量排名第一的碳酸饮料，而且也是全球最著名的软饮料品牌，在全球拥有48%的极高市场占有率。

几十年来，百事可乐和可口可乐公司一直是饮料行业的竞争对手。有趣的是，可口可乐中国董事长陈奇伟在接受记者采访时，也表现了这种独孤求败的情绪。

记者：2005年底，百事可乐的市值被推上了创纪录的984亿美元，第一次超过了可口可乐，您怎么看待这一从20世纪30年代就开始追赶你们的对手。

陈：欢迎这样的良性竞争，实际上我们和百事可乐在全球很多地区都是并存的。我们尊敬他们的竞争能力，但决不害怕他。在一个市场上如果没有追赶者、挑战者，我们会相当寂寞，可能今天就无法到达这样的高度。你可以这样理解，如果没有百事可乐，我们也会去创造一个竞争对手。

一堂竞争与合作的课

新学期的第一天，老师让同学们做了一个团结协作的经典小实验。

老师拿出一个口儿小肚子大的瓶子，瓶子里放着五个系着绳子的彩球，要求五个同学上去每人各持一根绳子，在规定的时间内将彩球从瓶中提出来。

同学们都想去试一试，可是几组同学都争先恐后地往外拉绳子，结果没有成功。

这时，有一个同学突然站起来说，他能把这个实验做成功。这个同学找了四个同学，悄悄地告诉了他们成功的方法，然后一起走上讲台，只听老师说声“开始”，只见这五个同学一个接着一个十分迅速地将五个彩球从瓶中提了出来，全班同学为他们的成功鼓掌。

这个实验要成功并不难，关键是要勇于牺牲，学会合作，现实生活中充满竞争，但也有合作的一面。

完成这个实验后，老师向同学们阐述了竞争与合作的含义。

所谓竞争，通俗地说就是参加比赛，争取胜过对手。理论上定义为“一个或几个人进入或接近目标，就会相应地妨碍团体中其他人进入目标”的状态。也就是说，在竞争的情景下人们彼此的利益是冲突的。

所谓合作，通俗地说就是为共同的目标相互支持、帮助。其定义为“某个人所用团体的其他所有人到达或接近目标时，这个人才能够进入目标”的状态。在心理上，知道自己达到目标的机会与团体中其他成员关系是一致的，相互促进的。

然后老师启发同学们举一些学习生活中有关竞争和合作的例子。

通过这些事例，老师告诉大家：竞争的普遍存在性。

现实生活中，竞争比比皆是。如同学们竞选干部、评选三好学生、学业成绩上的排名次、人际关系中的情感、体育比赛等各方面。竞争无处不在，无时不有。人际交往是人的社会性的重要体现，人际关系由社会、经济发展阶段决定其特点。如封闭、信赖、人际结构稳定等是自给自足的自然经济的特点。在商品经济中，商品生产者之间存在着竞争关系。因此，人际关系中具有强烈的竞争性，而今天的市场经济特点决定了人与人之间的竞争更加激烈，更加错综复杂，这是现代社会的一大特点，当然，在竞争中也存在着合作。面对激烈的竞争，我们中学生不可回避。

请同学们想一想：如何去认识并对待生活中的各种竞争。

接下来老师的问题是：竞争的好处有哪些？

竞争渗透在我们学习、生活、工作的各个领域，每一方面，同学们应该承认它、正视它。因为竞争不仅能推动我们奋发向上，不断进取，取得进步的强大外在动力。而且通过竞争，同学们能充分地调动积极性，激发自尊心，克服懒惰性，挖掘自身各方面的潜能，并且竞争获胜会产生成就感和满足感，对自己充满信心。因此，竞争对同学们来说不可避免，必不可少。

然而，在竞争中，有的人为了使虚荣心得到满足，不致在竞争中败北，常使用卑鄙的、损人利己的手段，搞小动作，耍小聪明。如考试舞弊、评优评干拉选票等，或将竞争心扭曲为嫉妒心，借阴谋诡计去拖住别人或打击别人，自己不行却千方百计使别人也不行。竞争的基础是公平，手段应该正大光明，否则，就失去了竞争的意义。另外，竞争获胜之后，有的人会产生不恰当的优越感，陷于傲慢，蔑视败者，缺乏对他人的关心。

想一想：在你的学习生活的竞争中，是否有不合理的现象。

最后老师和同学们一起总结：树立竞争意识，培养合作精神。

同学们将来所面临的社会，是一个充满竞争的社会，遇到的挑战和竞争十分激烈、复杂，作为一个现代中学生，应该努力培养竞争意识，增强竞争的能力，创造必要的条件，勇敢地接受各种挑战和竞争，做到胜不骄，败不馁，面对强者不惧，面对弱者不欺，力争在竞争中取胜。同时，竞争的对手应该是朋友，而不是敌人，应互相帮助，互相促进，眼光要远大，目标要崇高，不能过多计较一时一事的得失。要勇于牺牲，学会合作，参与那些对个人有长远意义，对社会有价值，对他人有好处等方面的竞争，这样才能在竞争中发展自己，完善自己，提高自己。

《竞争与协作》的教师笔记

1. 教育目标

引导学生认识竞争与协作的普遍性，认识竞争与协作对个人提高，对社会进步的重要作用。引导学生面对生活中的竞争和挑战，善于把竞争的压力转化为动力，力争上游，懂得以正当的方式参与竞争；同时学会与人协作，锻炼协作能力与技巧。引导学生形成正确的竞争意识，具备参与竞争、迎接挑战的勇气和信心，锻炼能够面对竞争中的挫折与失败的良好心理素质，形成正当参与竞争的品质；使学生形成宽容他人、欣赏他人的胸怀，培养乐于与他人协作的品质，形成关心集体、重视集体荣誉、为集体做出贡献的精神。

2. 学习重点

认识竞争，以正确的态度和科学的方法面对竞争；认识协作，锻炼学生协作能力与技巧，形成协作意识，培养协作精神。

3. 学习难点

面对竞争中的挫折与失败，怎样培养学生良好的心态；怎样处理好竞争与协作的关系。

4. 4×100 米接力比赛引出课题

提示学生：这项比赛就是竞争与协作的结果，无论在校园生活中，还是在广阔的社会天地里，各种各样的竞争与协作时时处处在进行着，它们不是为了供人观赏，而是构成社会生活中必不可少的内容。

5.《马拉松比赛》的情景视频

思考：落在后面的运动员为什么没有放弃努力？观众们为什么仍然为后面到达的运动员热情鼓掌？结合刚才的情景，谈谈你对生活中“竞争”的意义的理解。

6. 分组活动

把全班学生分成若干个小组，每个小组选出一个代表，分组讨论后，让每个小组代表交流本小组的观点，选出优胜组。

在交流中体验竞争的作用和意义并分析：社会需要良性的竞争。但竞争是大家参与的活动，名列前茅者只是少数。这个运动员拥有强烈的斗志，他全力以赴地参与和争取，虽然在比赛中他没赢得胜利，但在心理上，在精神上他已经赢得胜利。失败并不可怕，真正可怕的是跌倒了，不想再爬起来。屡败屡战的人同样是英雄！只有敢于竞争，善于竞争，才能不断完善自己，超越别人。

7. 交流讨论

目的：寻找生活中的竞争。通过学生讲述自己经历过的，看到过的，听到过的竞争的事例，树立竞争的意识。可寻找商业竞争、科技竞争、人才竞争、体育竞争、学业竞争等方面的事件，可以是发生在别人身上的故事，也可以是自己的亲身经历。

8. 总结汇报成果

注意：对于学生可能会提出一些不正当竞争的例子，教师要及时给予纠正说明。

点评：引入竞争就获得动力，取得进步。“物竞天择，适者生存”，这是自然界的发展规律。人类正是在同自然界的竞争中发展壮大的。一位哲学家曾经说过："竞争创造了人类，竞争创造了人类文明。"的确，从远古走到今天，从蒙昧发展到文明，千万年的沧海桑田，千万年的风风雨雨，通过与其他动物的竞争，通过与自然界的竞争，人类作为万物的主宰出现在这片广袤的土地上。当历史的车轮飞快地旋转，当人们的步伐变得更匆匆，当一颗颗卫星打破了蓝天的沉寂，人类开始更加强烈地感受到竞争力量的驱动。竞争，有小有大，小到人与人的竞争，大到国与国的竞争，只有竞争才能催人奋进，催国富强。

9. 阅读材料："一场不该输的比赛"

材料：第16届世界杯足球赛决赛在东道主法国队和上界冠军巴西队之间展开。按球王贝利的说法"法国队著名的球星只有齐达内一个，而巴西队人人都称得上是球星。"然而，比赛结果却大大出乎赛前预料，巴西队以0:3的悬殊比分惨败给法国队。原因何在？原来法国队非常重视整体的攻防配合，而巴西队只凭借球星个人的技术作战。结果，巴西球星单枪匹马轮番冲击，在法国队的整体攻防前毫无优势可言。赛后，贝利坦然说："0:3的比分让巴西队输得心服口服。"

思考：为什么巴西队会输得心服口服？

目的：从学生喜爱的足球赛谈起，挖掘课程资源，引发学生的兴趣。从而揭示主题：在竞争中还要学会协作。

分析："一朵鲜花开不出美丽的春天"。孤单的竞争是无力的，竞争呼唤协作。协作，是指为了共同的目的一起或共同完成某项任务。联合国国际21世纪教育委员会将"学会协作"作为教育的四大支柱之一来指导人才的培养问题，可见协作的重要性。

10. 总结合作与竞争的概念

什么是竞争？竞争是个人前进的动力；是集体前进的动力；良好的竞争机制，可以加速国家和社会团体各项事业的发展，加快进步。

竞争的压力给我们的作用有哪些？积极作用和消极作用。

面对竞争的压力我们应该怎样做？锻炼自己的心理品质；采取正当的

方式，坚守自己的人格。

作为中学生我们应该怎样面对竞争呢？

请学生探讨我们应该怎样做：应该善于面对竞争，既要付出努力，最大限度地发挥个人潜能，同时要实事求是地评价自己，锻炼顽强的毅力，树立坚定的信心。

小结：团结协作，共同进步。社会生活离不开团结协作。在许多情况下，个人的能力的充分发挥，还需要依靠集体的协作。正如泰戈尔所说："唯有具备强烈协作精神的人，才能生存，并创造文明。"只有团结协作才能成就伟大事业。

如何培养协作能力？亲身参与，积极体验团队生活，在集体活动中理解个人和集体的关系，理解互相协作才是共同发展的唯一途径。

要注意不同的集体活动需要不同的协作方式。

协作需要良好的心理素质。协作需要的基本条件：对协作的事情有共同的认识、共同的目标，在活动过程中，能联合协作；能够积极交流、沟通，与协作者互相信任，相互尊重；在协作中以大局为重，求同存异，建立和谐互补的协作关系。

竞争与协作的意义，建设美好集体，创造美好社会。

11. 剖析竞争背后的心态

活动目的：加深对各种不良竞争心态的弊端的认识，学会以正确的心态和做法面对竞争，接受挑战，在竞争中加深团结协作。

活动过程：对照所列举的几种竞争心态，自我反省，是否自己出现这些心态。小组分享活动心得体会，谈谈自己面对竞争时的态度和做法。全班共同总结出面对竞争时应有的心态和做法。

12. 阅读《登上珠穆朗玛峰》一文

材料：刘连满，登山运动员，运动健将，河北宁河（今属天津）人，1954 年加入中国共产党。1957 年与其他五名队员一起登上海拔 7556 米的贡嘎山。1958 年被选入中国登山队。1959 年登上海拔 7546 米的慕士塔格山顶峰。1960 年作为从北坡攀登珠穆朗玛峰的中国登山队突击组成员，在接近“第二台阶”顶部 3 米的地方，队员们无法攀越。刘连满想出办法，甘做“人梯”，其他三名队员踩着他的肩膀爬了上去。这时，刘连满因耗尽体力(在那样的高度进行这样大的动作是很艰难的)，过度疲劳而被迫留下来(这时距离顶峰只有 140 米)，其余三人以最快速度登上了顶峰。刘连满躺在“死亡地带”的高度上，处于半昏迷状态。他在急需氧气的情况下，毅然决定把最后的氧气留给那三位冲顶的队员。而他选择了死亡的到来。为此被誉为舍己救人的模范，曾获国家体育运动荣誉奖章。

认知感悟：从刘连满的行为中，你能说出他有哪些可贵的品质？

分析：在社会生活的各种竞争中，集体的竞争最能体现协作的重要性。许多重大的成功是集体互助协作的成果，是在每个人的奉献甚至自我牺牲的努力下取得的。此次创举，充分体现了我国登山队员们的高贵品质和精神，其中非常关键的是团队精神。整个登山过程，无不体现着队员们相互关爱，互相协作，为完成任务共同努力奋斗的团队精神。

13．思维拓展

在激烈的国际竞争中，中国该怎样立于不败之地？

放眼全球，各国之间无不在经济建设、科学技术、文化教育方面进行着较量。日本提醒自己“国家面临崩溃的边缘”，美国人警惕自己“欧洲有超越之趋势”，他们看到了来自各方面的强大竞争力，产生了一种危机感，因而千方百计发展科学技术，加速经济建设。从很大程度上看，民族的希望，国家的前途，有赖于人们的危机感和由此而爆发的竞争力。

竞争不忘合作的课件

现代社会是复杂多元的，既有竞争又有合作，只有正确认识和处理竞争与合作的关系，才能树立起正确的竞争意识与合作观念。“竞争不忘合作”理念的提出，主要是帮助学生正确对待生活中的竞争与合作，学会在竞争中合作，在合作中竞争。

这个理念在课堂上可以通过两个方面来实现。

第一："感谢对手"。目的主要是帮助学生了解竞争具有积极的意义，培养学生的竞争意识，学会在合作中竞争。

步骤1：列举学校生活竞争的四幅照片，包括足球比赛、拔河比赛、知识竞赛和考试，然后引导学生观察、列举生活中的竞争现象。

步骤2：总结概述：竞争与合作相伴相随，竞争也是生活中的一种普遍现象，自然界和人类社会都存在着激烈的竞争，竞争的形式多种多样。

步骤3：列举了一个发生在北方某大城市里两个商家竞争而又共同前进的事例，提出问题：既然市场竞争是激烈而残酷的，那么为什么一方商家还要帮助对手、感谢对手呢？提示：我们需要合作，也需要竞争。如果没有竞争，合作就会缺乏生机与活力，就会变成一潭死水。

步骤4：概述竞争的积极作用：竞争能激发个人的主动性和积极性，提高学习效率和工作效率，促使人的潜力得到充分发挥，使人们不断进取，奋发向上；二是在与竞争对手的比较中，能发现自身的不足，取长补短，使自己进步、发展得更快。取长补短、携手共进，是我们在合作中竞争的目标。

步骤5：设置"名人名言"栏目，引用名人关于竞争与合作的话进一步说明竞争还有其他的积极作用，从而帮助学生树立竞争意识。

步骤6：设置了"动物世界"栏目，借用动物说明：一种动物如果没有对手，就会变得死气沉沉；同样，一个人没有对手，那他就会甘于平庸，养成惰性，最终导致庸碌无为。

步骤7：联系实际，反思"自己在生活中遇到过什么样的竞争对手？又是怎样看待竞争对手的"通过活动使学生初步懂得：生活中应如何处理与对手的关系，从而也自然地过渡到下一层次的学习。

第二：竞争最理想的结果是双赢。目的主要是帮助学生正确认识竞争与合作的辩证统一关系，使之竞争不忘合作，合作竞争求双赢。

步骤1列举了某保温瓶厂利用虚假广告宣传等不正当手段进行竞争的实例，提出让学生思考讨论的问题：你赞成该厂的竞争手段吗？是怎样认识该厂的竞争目的的？我们应怎样正确对待社会生活中的竞争？问题一是针对某保温厂的做法提出的，问题二是引导学生就如何进行竞争展开讨论。

步骤2总结：一方面，没有合作的竞争只能造成协作双方的两败俱伤，特别是那种置道德于不顾的不正当竞争，其最终结果只能是害人害己，教育学生要反对不正当竞争。另一方面，竞争与合作是对立统一的关系，在合作中有竞争，在竞争中有合作，教育学生竞争不忘合作。因为，竞争与合作是统一的。合作不能没有竞争，没有竞争合作是一潭死水，合作是为了更好地竞争，合作越好，力量越强，成功的可能性就越大；竞争不能没有合作，没有合作的竞争是孤单的无力的竞争，是“你死我活”或两败俱伤。

步骤3举了一家百货公司友好竞争的事例，该公司不是挤压对手而是主动向对手伸出友谊之手，将一部分市场份额让给对手，结果是赢得了许多竞争者的支持。以这个案例为切入点设置了思考的问题：该百货公司是怎样处理与竞争对手关系的？在今后生活中，打算怎样处理竞争与合作的关系？引导学生感悟优秀的竞争者总是把竞争看成是乐事。阐述了竞争对手不能相互排斥，造成两败俱伤，而要相互促进、共同提高的“双赢”理念，指出了“双赢是竞争最理想的结果，良好的合作创造双赢”。我们只要在法律和道德允许的范围内，按照平等、公平、诚信的原则去进行竞争，在这过程中双方相互激励、相互帮助、取长补短，大家都会有所收获，都能得到提高，这才是竞争中合作的真谛。最后倡导学生既要树立敢为人先、不甘落后的竞争精神，又要树立协作、互助的合作意识。这既是本层次的结束语，也是“竞争不忘合作"这一项目的落脚点。

步骤4创设了一个问题情境，让学生说一说：是合作重要，还是竞争重要？这个活动主要是为了加深学生对合作、竞争重要性的理解认识。其实合作与竞争都重要，关键是引导学生在现实生活中如何正确处理竞争与合作的关系 。

团结协作中的沟通问题

协调个人与他人的关系

每个人都生活在人群中，工作、学习、娱乐都要与别人接触、交往。怎样对待他人，是性格表现的最常见的方面。在对待他人的态度中，一个核心的问题是个人对集体的态度，因为在我们的国家里，任何人都处于一定的集体中。一个热爱集体的人，他会对集体中的其他个体也表现友爱、关切和尊重；而一个对待别人冷漠、傲慢的人，也难以真正热爱集体。可以说，对集体的态度是待人态度的集中反映。

为了隆重庆祝英国足球联赛举办一百周年，伦敦的温布利球场举行了一场世人瞩目的足球表演赛，结果，英国选拔队以 3 比 0 战胜了由世界著名球星马拉多纳、普拉蒂尼等组成的世界明星队。论个人技巧，明星队个个精湛娴熟，可谓是珠联璧合，场上也不乏上佳表演。但何以未能攻破对方的球门，反而连失三球呢？原因在于整体配合欠佳。

像足球这样的集体运动，不处理好队员与球队的关系，是很难取胜的。在第 12 届世界杯足球赛上，阿根廷队过分强调"球星"的作用，结果被淘汰；在第 13 届世界杯赛上，他们以前车之覆为鉴，既注意发挥"球星"的作用，又重视球队的整体配合，马拉多纳的中场拼抢，巴尔达诺的锋线频繁冲击，布鲁查后卫线上的前呼后应，使马拉多纳大放异彩。所以，比托尔多教练说："这一次我们是靠集体的力量赢得世界冠军的。"

我国的许多优秀运动员都是深谙此理的。“铁榔头”郎平常说：“在场上我只是六分之一，在场下我只是集体的一员”，“我的每一记重扣的成功，无不包含着同伴们的努力”。事实确是如此，如果二传不到位，其他队友不配合、掩护，郎平就会“孤掌难鸣”。即使像乒乓球这类重于个人竞技的运动项目，也离不开集体，世界冠军们不是常这样说吗：“荣誉应该属于大家，属于那些用心血和汗水把我们扶上冠军宝座的无名英雄”，“冠军是靠集体力量得来的，不能记在个人的账本上”。

“球星”与球队的关系，是个人与集体关系的写照。这个“关系”关乎我们每个人，小至日常的生活、学习，大至两个文明的建设，个人是集体的一分子，个人既有赖于集体，又要在集体中积极发挥作用。个人也只有融汇于集体之中，才能有力量，才能充分施展自己的聪明才智。集体是由若干个个人组成的。但这不是简单的凑合，而是有机的结合。这“合”的方式大有讲究。比如，同样是碳原子（C），既可构成用作研磨切割材料的金刚石，又可构成制作铅笔芯的石墨，两者的差距多显著呀！自然界尚且如此，更何况有血有肉有思想的社会的人呢？

从个人来说，首先要树立集体观念，其次，摆正个人在集体中的位置，个人为集体争荣誉，集体为社会做贡献。我国每一项重大的发明创造，每一项成就的取得，无不是这样得来的。

1981年我国科学工作者首次人工合成核糖核酸，有人把它形象地喻为“金字塔”，参加的有北京和上海的6个单位，140多人，历时13年。西方国家的一些生物学家感慨地说：这样大的课题，只有社会主义中国才能这么快地聚兵攻坚。确实如此。这一课题的参加者，无论是担任实验工作、管理工作，还是后勤工作，大家都密切合作，尽心尽力，他们说：“没有坚实的基础，盖不成高楼大厦，只要我们工作做得好，配角也能在威武雄壮的戏剧中起重要作用。”他们中有的白天做实验，夜晚翻译资料；有的为了探索最佳的测试方案，通宵达旦地查阅文献；有的连续工作几十个小时，吃饭、睡觉都不离实验室；有的放下了个人可以出论文的课题；有的放弃了出国进修的机会；有的冒着眼睛失明的危险，共同的努力，使我国的这一研究进入了世界先进行列。

英国物理学家卢瑟福说过："科学家不是依赖于个人的思想，而是综合了几千人的智慧，所有的人想一个问题，并且每个人做它的部分工作，添加到正建立起来的伟大知识大厦之中。"青年人有理想、有抱负，都希望自己有所作为，这是很可贵的。但有时往往不恰当地估计自己，以为强调集体会妨碍个人才智的发挥；有时又过于依赖集体，降低或放松对自己的要求，不注意在集体中发挥个人的作用。事实上，个人与集体是个互为作用的整体，没有个人就无所谓集体，没有集体个人也就失去了依托。拿破仑在征服了欧洲，登上阿尔卑斯山的时候，曾经骄傲地宣称：我比山高。可是，他却忘记了，如果没有身后成千上万的法国士兵，他绝不会在战场上创造出任何奇迹。奥斯特洛夫斯基说得好："谁若认为自己是圣人，是埋没了的天才，谁若与集体脱离，谁的命运就要悲哀。集体什么时候都能提高你，并且使你两脚站得稳。"

客观评价他人有利团结

"看人"是"待人"的前提。倘若连看都看不准，还谈什么正确相待呢？人是社会的人，看准谈何容易，旧时不就有"知人知面不知心"之说么！其实，"不知心"怎能说"知人"呢？青年人涉世不深，看人往往失之偏颇，表面化、绝对化、感情化便是其主要表现。当然，这些毛病并非青年人所独占的，不少都是"古已有之"的。

比如，表面化，或"以衣取人"，或"以貌取人"或"以言取人"，样样都有。当初，刘邦"不好儒"，对知识分子很反感，甚至对于"衣儒衣"、"冠儒冠"的来者都拒绝接待，有的还被他当众侮辱一番。有鉴于此，"儒生"郦食其说自己是"高阳酒徒"，才见到刘邦，他说："夫足下欲兴天下之大事而成天下之大功，而以目皮相，恐失天下之能士。"幸好刘邦听了他的话，改掉了"以目皮相"的毛病，后来终于令贤人能士纷纷来归，共襄汉代帝业。

三国时的庞统，人称"凤雏先生"，是与诸葛亮齐名的人物，但由于其貌不扬——“浓眉掀鼻，黑面短髯，形容古怪”而屡遭冷遇，孙权不用他，刘备开始只让他当来阳县令。刘备后来听了“特派员”张飞的报告，才克服了“以貌取人”的毛病，改封其为副军师中郎将。

“真正的牧马人”曲啸，在一次报告中曾谈到过这么一件事：有一年，他从成都坐火车到北京，一上车，碰到一男一女两个青年人，打扮时髦，言谈举止也很时髦，搂搂抱抱，打打闹闹。他觉得“有点太过分了”，“不像话”。后来，火车到了一个车站，洪水把桥冲塌了，旁边山上掉下一块房子大的石头，正好砸到前面的车厢上，伤了不少人。这当儿，车厢的门都关上了，打不开，那个小伙子却打开窗户，蹦下去了，帮着列车员、乘警把受伤的旅客抬到一间小房子里。末了，小伙子又从窗子里爬了进来，手上还有血污。曲啸说：“这一路他给我的印象是‘不像话’，而遇到特殊情况时，他却能冲上去，表现出他思想内在的闪光点。于是，我又感到他了不起。”一个小伙子，集“不像话”与“了不起”于一身，不是挺有意思么！

人是活的，是一个综合体，有形形色色的点和面。这些都是由一个人的生活环境、经历、性格、年龄等因素合在一起起作用的。这些因素优劣交错、千差万别，人与人之间各不相同，也无须相同，“千人一面”就不成其为社会了。所以，人都是长短互见、优劣共存的，而且，在一定的条件下，都会向相反的方面转化，大可不必“攻其一点，不及其余”，“一好百好”也不科学。表与里的关系是辩证的，不观表无以察里，要察里必须观表。夏伯阳，原是一个游击习气极浓的旧式军人，酗酒、骂人、厌恶思想政治工作，屡屡冷落甚至戏弄党组织派去的政委，但他骁勇善战，指挥有方，临危不乱，体贴士兵，后来终于摒弃旧习，成为苏联的民族英雄。光盯着夏伯阳的过去，能正确对待夏伯阳么？

看人，尤其是看青年人，要有发展的眼光，即使眼前毛病多一点，也没有什么可大惊小怪的。关键在于我们正确地看待他们，热情地帮助他们，晓之以理，动之以情，疏之以道，导之以标。古希腊唯物主义哲学家德谟克里特说：“不要对一切人都以不信任的眼光看待”。对暂时处于先进分子行列之外的人，尤其如此。青年盛其顺，原是个“比挣钱”、“吃亏的事决不干”的人，后在老山前线血与火的战场上，“比战绩，比贡献。我不认为自己残废了就是吃亏”。从他的话和行为来看，前后简直判若两人！这同解放军不用“不信任的眼光”看待他是分不开的。倘若把他看“死”，非但成不了一等功臣，恐怕连上战场的份儿都没有。客观看待他人，团结一切可以团结的力量，就是具有这么神奇的力量。

“不要以不信任的眼光看待人”，一要看到别人的优点、长处，予以充分肯定；二要对他的不足之处。提出诚挚的批评，帮助他改正，并相信他能够改正。“人要完人”，是不信任的症结所在。美国作家霍桑在短篇小说《胎记》中写了这样一位科学家，他的妻子如花似玉，婀娜多姿，但他从她脸上挑出了一个从娘胎里带来的特殊的很小的嫣红斑痕，尽管“无碍观瞻”，但他认为它破坏了美色的魅力，要“把面颊改善到十全十美得毫无瑕疵”，他研制了药水让妻子外用，内服，当斑痕最后褪尽时，美人也呜呼哀哉了。这个故事是很发人深省的。

青年人团结协作最忌感情用事，讲“哥儿们义气”，弄得是非不分，因为不会看人，甚至同流合污。所以，青年人特别要学会客观看人，这不仅可以很好地与别人相处或者合作，而且有利于自己的成长。

协作中要避开无谓的争论

“永远避免当面冲突”。几年前A君在一个宴会中得到一个宝贵的教训。

罗君在美国得博士学位回来，有一晚A君被邀请参加一个部门里欢迎罗君的宴会。席间坐在A君旁边的一位同事讲了一段自编的笑话，引用了一句成语。

这位来宾说是《圣经》上的成语，他错了。A君知道这句成语的来历，由于自己的优越感便想表现得比他知识丰富，乃毫不客气地纠正他。他勃然大怒：“什么？那句话出自莎士比亚，不可能的，真是笑话。”坐在另一旁的A君的老板高先生，他对莎翁的著作是很有研究的。因此A君和那位来宾都同意把这问题请教高先生；高先生听了原委，在桌下暗暗地碰了A

君一下说："A兄你错了，这位先生是对的，这是出自《圣经》上的。"

宴会结束后在回家的途中，A君对高先生说："说实在的，那句成语是莎翁所说的。"

"是的，在莎翁的《哈姆雷特》那本书的第五幕第二节上，但是你知道，我们是一个盛大宴会上的客人，团结、友爱、和谐的气氛很重要，你又何必去证明一个人的错，那样会使他喜欢你吗？何不让他自己保全面子？他并未问你的意见，何必同他争辩？永远避免当面的冲突。"他这样回答A君。

"永远避免当面的冲突"，说这话的人虽已死，但是给人们的教训却仍存在。

十有九次，辩论终了之后，每个参与辩论的人，都比以前更坚信他是绝对正确的。

你无法从辩论得胜，你也不可能胜，因为如果你失败了，你就是失败，反之你得胜了，你还是失败的，为什么呢？因为假如你胜过对方，将他的理由击败，并证明他是错误的，然后怎么样？你觉得高兴，但是对方呢？你使他觉得低弱，你伤了他的自尊心，他会恨你，而作为反对你的胜利，而且——"一个被违反自己的意见说服之后，必仍然固执着他本来的意见。"

日本有一家人寿保险公司，为职员订下了一条规则："不要跟顾客辩论。"真正的推销术，不是辩论，亦不是近似辩论的，人的思想绝不是可以那样被改变的。

从争辩所获得的胜利，是没有什么益处，而且又破坏了双方的情谊。争辩不仅使个人的精神、时间、身体都蒙受了莫大的损失，而最大的可怕影响，却在社会关系上，因争辩而发生不合作的现象。社会减少了合作能力，进步自然也有了限制，就是许多国际间的纠纷，以至战争的爆发，大多数都由于琐屑事情的争辩所造成的。

喜欢争辩的人，表示他是自尊自主的。避免跟人争辩的最聪明的方法，就是同意对方的主张，不必管他的意见是如何可笑，如何愚笨，如何浅薄，用礼貌回答他，你无条件地赞成他的意见，佩服他的见识和聪明。以后你立刻避开他。在不必要的时候，你不要跟他交往。你要获得胜利，唯一的方法是避免争辩。你抱着不抵抗的主义，让向你进攻的人自动地停止他的策略，让你的精神保持着，不能耗费于无用的争辩中。不但避免普通的争辩是可能的，想要避免有目的进攻的争辩挑战，也同样有可能。你的心目中只需记住：用宽容解仇，仇可立即解除；以仇易仇，仇可更深。

牛会生蛋吗？你不妨这样回过：哦，有这样的事吗？只是我的见识太浅，并不曾有过这种经验。如你发觉他的来意是挑战，那么，你应该平静地回答：是的，牛会生蛋，我不怀疑，不过我却不曾见过生蛋的。这不是可以从争辩中可以获得的。你听了一件认为不是真理的理论，你尽可让它给命运去支配，他的话语，他的幼稚，让自然去揭发他。

以争辩阐明真理，那是没用的，而且这错误是在于你的了。林肯总统劝诫他的下属说："你们的工作，难道不够繁忙吗？为什么还有多余的时间去与人们争辩呢？况且相互争辩，总是得不偿失。举个例子来说：我们去和毒蛇争一条路，究竟是不是值得呢？我觉得你应该立即让开它，否则，你如果被它咬上一口后，虽然你立刻把它打死了，但是，你已经得不偿失。自己生命将受威胁。

一般所谓讨论，是由理智为出发点，而争辩完全属于情感的。你在和人家讨论以前，你得先考虑一下，这件事是否有讨论的必要，对方是不是可以民主讨论的人，倘使你认为是可能的，那么，你便叙述你的意见，但是希望你会注意这几点：(1) 问句必须比较明确；(2) 叙述简单；(3) 用词流利简洁；(4) 语句动听。双方的讨论，万一有涉及意气或感情的时候，你应立即停止，就是对方要与你争辩不休的时候，你也应当坚决地终止这项讨论的问题，因为感情的冲动，争吵是一发而不可收拾，你要保持情谊，那么不如暂时牺牲一下个人的主张。反正真理总是不可泯灭的，你应当有理智，深深体味这句话。

有的时候，争辩是不可避免的。在争辩的时候，大家几乎忘了理智，单纯受着感情的支配，每个人心灵中，都会发出下列的感情冲动：你是笨蛋，你以为你聪明，你根本是无知，你的知识太浅，经验不足，你经常受骗上当，从不肯认错，你是固执的家伙，你只知道无理取闹，或是强词夺理。但老实说，争辩的时候，双方只是在闹脾气，绝对没有理智，任凭意气用事，任凭气愤感情冲动，甚至可以牺牲多年的友谊。

要记住，争辩时的心灵表现，实在已经超越了常态。而这种感情的表现，却是有害处而没有一点益处的。许多聪明的人，他知道争吵无益，于是用各种聪明的方法来解决和对方的争辩。他用一种开玩笑的方式，使争辩变成胡闹，使大家都一笑置之。

以开玩笑的方式，是对付争辩的聪明方法，“你说的话，都是真理，只有一点，我觉得……”“当然我明白你完全正确，可是还有一层……”“你的意见和我完全相同，不过有一点小地方……”“我承认你完全是对的，可是要说服大众，却……”“你所发表的意见，我完全同意，只是如能在小节上再加以考虑……”因为争辩就是争胜，你要让对方感到高兴，不失面子。

争辩会剧烈下去的主要原因就是步步进逼，使对方恼羞成怒，那么争辩的场合，一定剧烈得不堪收拾。如果辩论不能完全避免的话，有许多时候，我们为了正义，为了利益，不惜热烈举行舌战，而且必须坚持到底，使对方对于你的意见，完全屈服。这样的舌战只适应于科学家们在科学技术领域的争论，及适应于国与国之间的争论，在这种情境下，是要争到彻底的，但不适合于人际交往。

在日常的许多事情，没有几件是值得我们要拿友谊的代价，去争对取胜的，而你却偏偏要这样做。那么，这样的做人方法说明了你的精神和时间都不值钱了，便不要说对感情的损害了。除非彼此都有虚心的姿态，不存在半点成见，在某一个问题上真诚讨论之外，一切的争辩都应该避免的，即使这是一个学术性的争辩，你不要以为学术性的问题的争论，是以表示发扬文化的精神。

哲学争论了二千余年了，胜负还有待时间证明。心理学的争论也至少有几百年，现在仍然不分高低，你可以著书发表你的主张，但是不可在谈话中唇枪舌剑。才智是可敬佩的，但不是好胜，而且，你应该听过大智者足的话吧！修养高深的人，绝不会与人计较的。

你喜欢和人争辩，是否以为你可以用议论压倒了对方，就会得到很大的利益呢？你要明白，你肯定不会压倒对方。即使对方表示屈服了，心里也必然会悻悻然。你一点好处也得不到的，而害处却多了。好争辩的人，第一，它使你损害了别人的自尊心，因而对你产生反感情绪；第二，它使你容易犯上专门挑剔别人的缺点和不足的错误；第三，它使你积久变成骄傲，自以为聪明；第四，你将因此失掉一切朋友，内外交困，备受众责。

请你从体育比赛的精神做起吧，输了，不必引为可耻：而后，竭力学习尊重别人的意见，友谊第一，比赛第二；好胜是大多数人的弱点，没有人肯自认失败的，所以，一切的争辩都是不必要的。谈话的艺术就是提醒你怎样地游出这愚蠢的漩涡，更清醒地去应付一切的谈话。如果能够做到尊重别人的意见，你的意见也会被别人尊重的。如此，你所主张的，就会很容易得到人们的拥护，不必把精神花在无益的争论上了。你可以实现你的主张，你可左右别人的计划，但不是用争辩的方法来获取的。如果你想借着某一问题增加你的学识，你应该虚心地请教，却不可借助争辩。请记住：争辩是一个无期的战争，一百年，五百年，两千年，结果都无法分晓。

用质问式的语气来谈话，易使人的感情受伤害。许多夫妻不那么和睦，兄弟不协调，同事交恶，都是由于一方面喜欢用质问式的态度来与对方谈话所致。有这种习惯的人，多半是胸襟狭窄，好吹毛求疵，好与人为难的人，或者是脾气怪癖，或者是自大好胜，或者是患有心理上的毛病，以使人受苦为乐，所以，即使在谈话的小节上，也把自己的品格表现出来。

除遇到辩论的场面，质问也是大可不必的。如果你觉得意见不一致，你不妨立刻把你的意见说了，何必一定先来个质问，使对方难堪呢？有些人爱用质问的语气来纠正别人的错误，先质问，后解释，犹如先向对方的精神打了一拳，然后再向他解释一样，这不需要的一拳，足以破坏双方的感情，被质问的人往往被弄得不知所措，自尊心受了大大的打击，如果他也是个脾气不好的人，必定恼羞成怒，而激起了剧烈的争论，致使双方感情破裂，难以维持友谊和团结。

拒绝和批评不要使人难堪

在日常的工作和生活中，很可能会遇到下列情形：一个品行不良的熟人来缠住你，非要你借钱不可，但你知道，如果借给他便是肉包子打狗一去不回头；一个相熟的商人向你兜售物品，你明知买下了就要吃亏，诸如此类的事你必定加以拒绝，可是拒绝之后，就要断绝交情，引人恶感，被人误会，甚至种下仇恨的因素。

要避免这种情形发生，唯一方法便是要运用些聪颖的智慧。请看下面的例子：

在德国某电子公司的一次会议上，公司经理拿出一个他设计的商标征求大家意见。

经理说："这个商标的主题是旭日，很像日本的国徽，日本国民见了一定乐于购买我们的产品。"

营业部主任和广告部主任都极力恭维经理的构想，但年轻的销售部主任说："我不同意这个商标。"经理听了感到很吃惊，全屋的人都睁大眼睛盯住他。

年轻的销售部主任没有同经理争论那个带红圈圈的设计是否雅观，而是说："我恐怕它太好了。"

经理感到纳闷，却马上带着笑说："你的话叫我难理解，解释来听听。"

"这个设计与日本国徽相似，日本国民喜欢，然而，我们另一个重要市场——中国人民，也会想到这是日本国徽，就不会引起他们的好感，就不会买我们的产品，这不同本公司要扩展对华贸易营业计划相抵触吗？这无疑是顾此失彼了。"

"天哪！你的话高明极了！"经理叫了起来。

向有权威的人士表示反对或拒绝，你一定要有充分的理由，还要注意技巧。年轻主任先用一句"我恐怕它太好了"，先抚平了经理的不快，使他不失体面。后来他以更充分的理由，提出反对经理的意见，经理也就不会感到下不了台。

这里列举几种既有利团结，又不失礼节的拒绝方式，供您借鉴：

1. 尽可能以最为友好、热情的方式表示拒绝。

一位青年作家想同某大学的一位教授交朋友，以便今后在文艺创作和理论研究方面携手共进。作家热情地说："今晚6点，想请你在海天楼餐厅共进晚餐，我们好好聚一聚，你愿意吗？"事情真凑巧，这位教授正在忙于准备下星期学术报告会的讲稿，实在抽不出时间。于是，他亲切地笑了笑，又带点歉意兑："对你的邀请，我感到非常荣幸，可是我正忙于准备讲稿，实在无法脱身。十分抱歉！"他的拒绝是有礼貌而且愉快的，但又是那么干脆。

2. 避免只针对对方一人。

某造纸厂的推销员去某大学推销纸张，推销员找到他熟悉的这个大学的总务处长，恳求他订货。总务处长彬彬有礼地说："实在对不起。我们学校已同某国营造纸厂签订长期购买合同，学校规定不再向其他任何单位购买纸张了，我也应按照规定办。"因为总务处长讲的是任何单位，就不仅仅针对这个造纸厂了。

3. 让对方明白你是赞同的。

黄女士在民航售票处担任售票员工作，由于经济的发展，乘坐飞机的旅客与日俱增，黄女士时常要拒绝很多旅客的订票要求。黄女士每每总是带着非常同情的心情对旅客说："我知道你们非常需要坐飞机。从感情上说我也十分愿意为你们效劳，使你们如愿以偿，但票已订完了。实在无能为力。欢迎你们下次再来乘坐我们的飞机。"黄女士的一番话，叫旅客们再也提不出意见来了。

苏联电影《列宁在1918》中有这样一个情节：苏联社会主义文学的奠基人高尔基，由于他对反动的资产阶级知识分子的本质认识不足，怀着过于慈善的心肠来找列宁论理，说不能镇压知识分子。列宁巧妙地借一位工人的嘴，说明如果不镇压那些顽固坚持反动立场、替沙皇作帮凶的知识分子，苏维埃政权便一天也不能维持下去。列宁的劝说既有说服力，态度又诚恳，高尔基心悦诚服了。他临别时还对列宁说："列宁同志，您真行，批评了人，还让人高高兴兴地走。”

怎样才能像列宁那样，做到批评使人口服心服？批评时该说些什么？又该怎么说呢？这其实涉及批评的内容及批评的方式。

首先谈谈批评的内容。

1. 批评要有针对性。

批评之前要认清批评是针对哪一种行为的。不要把话说得太笼统，避免使对方无端受到冤枉或产生矛盾。如某大学的一名班干部批评一位同学，可有两种说法；①你怎么一点也不关心集体。②你已经有两个月没做值日生了。我们可以比较一下，这两个都是批评的句子。第①句说得太笼统，而且把对方说得一无是处，全盘否定人。失于笼统，也就不够确切了，对方可举例反驳：“我怎么一点也不关心集体，上次秋游活动我不也参加了吗？那天班级拔河比赛，我不也在啦啦队里吗？”这样一来，就会引起新的矛盾。第②句就比较好，没有用“一点也”这样绝对的话，就事论事，向对方指出一件确有其事，又是不应该的行为。受批评的人不认为是受了不公平的攻击，就容易心平气和地接纳意见。

2. 衡量改正的可能性。

如果在公共汽车上有人踩了你一脚，如果你的未满 10 岁的儿子把饭碗打破了，这些事应不应批评？这些事都不能动辄批评，别人踩了你，是因为公共汽车上太拥挤；儿子打破碗是因为不小心，而应采取宽容、安慰的办法。

认清了要批评的那件事，在批评之前还必须衡量一下对方是否有能力、有条件，改正到你所要求的程度，也包括是否有了这个觉悟程度。

3. 指出“错”时，也指明“对”。

大多数的批评者，往往是把重点放在指出对方“错”的地方，但却不能清楚指明“对”的应怎么做。必须仔细想过后，才能明白你究竟要对方怎样做，该怎么把话说出来。有的人批评人家说：“你非这样不可吗？”这是一句废话，因为没有实际内容，只是纯粹表示不满意。又如一位丈夫埋怨妻子说：“家里一团糟，又有客人要来，你怎么只管坐在那儿化妆？”这种话也不会起作用，它只说了一半。到底期望妻子怎样做，一句也没有提。

应该这样说："客人要来了，你帮我去买点青菜和水果，然后将客厅里的报纸收拾一下，好吗？"

说明要求人应做的事，其实是指示对方改正的方向，让对方从另一个角度来了解批评的内容。

其次，确定要说的内容后，批评的方式就是关键。就是说，要以最易于让别人接受的方式来表达自己的意见。

批评人不能用斩钉截铁的语气，过于肯定的语气使人难以接受，易于产生逆反心理，人家一听就会采取自卫的态度。

正确的表达方式，应当只表明你说的话，是个人看法，并不见得是绝对事实，仅作为提供对方参考。这样，人家比较能听得入耳，甚至有兴趣了解一下你为什么会有此看法。有了这种交流，就不致陷入各持一论的争吵。

怎样才能达到这种效果呢？说话时别忘了用"我"字。例如，一位女工对她的工友说："你这套时装，过时了，真难看。"这不过是个人的主观意见，别人未必有相同的结论。这位女工的话可改为："我看你这套时装有点过时了，你说好看不好看。"用"我"字还有一个好处，既然强调是自己的看法，批评者会更富责任感。

多说赞许他人的话

如果要别人同意你的意见，用争辩或威力，再引用逻辑方式坚持你的观点，并不见得可以收到好效果。假若一个人心里对你不满或有恶感，你就不可能用宣传式逻辑方式去感化他们，好责骂的父母、专横的丈夫和上司、长舌的妻子都应该知道。不能勉强或驱使他人同意你，但是假如换了用温柔友善去诱导他们，却可使他们同意于你。

有一位教师陈先生，想要减低房租。他写信给房东，告称在租约满后，准备迁出。实际上他并不想迁居，只希望能减低租金，但依情势来看，不会有成功希望，因为许多房客都失败过，那房东是难以应付的。但陈先生正学习如何待人的技术，因此他决定试验一下。房东收到信后就来看他，陈先生在门口很客气地迎接房东，充满了和善和热诚。他没有井口就提及房租高，而开始谈论他是如何地喜欢这房子，他做的是“试于嘉许宽出于称道”的工作。他恭维房东管理房舍的方法，并告诉他很愿意继续住下去，但是限于经济能力不能负担。

房东从未受过房客如此的款待和欢迎，他几乎不知如何是好。于是他开始告诉陈先生，他亦有他的困难，有一位房客曾写过十多封信给他，简直是在侮辱他。更有人曾指责他，假如房东不能增加设备，他就要取消租约。没有经过陈先生的请求，他便自动减低了租金。当他离开时，还问陈先生：“有什么需要我替你装修的吗?”

假如陈先生用了别的房客的方法去减低租金，一定会遭遇到他们同样的失败，可是他用了友善、同情、欣赏、赞美的方法，使他获得了胜利。

西方有句古话说：“一滴蜜比一桶毒药所捉住的苍蝇还多。”对人亦如此，你要想得到别人的同意，先要使他相信你是他的一个朋友，就如同一滴蜜吸住了他们的心，这才是达到你理想的有效方法。

恭维的话人人爱听。你对人说恭维活，如果恰如其分，恰得其所，他一定十分高兴，对你产生好感。

越是傲慢的人，越爱听恭维活，越喜欢受你的恭维。有人词严义正，说自己不受恭维，乐意接受批评，这是他的门面活，你如果信以为真，毫不客气地率直提出批评，他一定非常不快，表面上未必有所表示，内心却是十分不悦，对于你的印象，只有降低，绝不会增进。

“人告之以有过则喜”，只有子路才有此雅量，一般自命为君子的人，尚容不下别人的批评，普通人更不用说了。

会说恭维话，别人听了舒服，而且自己也不降低身份。说恭维话是处世的一门重要功课。

每个人都有希望，年轻人希望寄予自身，老年人寄望于子孙。年轻人自以为前途无量，你如果举出几点，证明他的将来大有成就，他一定十分高兴，视你为知己，你如果称赞他父母如何了不起，他未必感到高兴。至多你说他是将门之子，把他与他的父母一齐称赞，才对他胃口。

但是老年人则不然，他自己历尽沧桑，几十年的光阴，并未曾达到他预期的目的，对于自己，已不复十分自信，不复有十分希望，他所希望的，是他的子孙，你如果说他的儿子，无论学识能力，都超过他，真是跨灶之才。虽然你是当面批评他，抑父扬子，他不但不会责怪你，反而十分感激你，口头连说，“你说得好”，“未必，未必，过奖了”。他的内心，却认为你是慧眼识英雄呢！

但是说恭维话对于对方的身份，应特别注意。

对于商人，你如果说学问好，道德好，清廉自守，乐道安贫，他会无动于衷；你应该说他才能出众，手腕灵活，现在红光满面，发财即在眼前，他才听得高兴。

对于官吏，你如果说他生财有道，定发大财，他一定不高兴；你应该说他为国为民，一身清正，廉洁自持，劳苦功高，他才听得高兴。

对于文人，你如果说，学有松底，笔下生花，思想正确，宁静淡泊，他听了一定高兴。他做什么职业，你说什么恭维话。对于对方的职业应该特别注意。

最后讲个笑话，某甲是拍马屁专家，连阎王都知道他的大名，死后见阎王，阎王拍案大怒：“你为什么专门拍马屁？我是最恨这种人的。”马屁鬼叩头回道：“因为世人都爱拍马屁，不得不如此，大王是公正廉明，明察秋毫，谁敢说半句恭维的话。”阎王听了，连说：“是啊是啊！谅你也不敢。”实则阎王岂不爱听恭维话。不过说恭维话的方式，与普通不同罢了。这个故事，是说明了世人之情，都爱恭维，你的恭维话有相当分寸，不流于谄媚，不损伤人格，而且是得人欢心的一法呢！

又譬如说，你要你的孩子学好，与其用严肃的教训，或者用严厉的责备，不如用赞美鼓励。

“你的字写得真好”，你这样对他说了，下一次他写得一定更好。这一个方法同样可通用于对待你的部属、你的仆人，甚至你的丈夫或妻子。

以赞美来鼓励，激起了他的自尊心，为永保他的自尊心起见，他一定常常努力做得更好。这就是说要他自己督促自己，比你去用命令督促他一定好得多。

有些人从来不懂这种妙处，他以为要一个人做好，只有鞭策他，或者不停地督促他就可以达到这目的。他不明白人的本性本来就是高兴自己主动地做一切事情，而不高兴被动的。你若在旁边督促他，他反觉得是侮辱，因为他不高兴受支配。并且即或他听从了你的话去做了，他怕你不仅不赞美他，也许到后来还说是你鼓励的功劳，每一个人在别人督促之下不大起劲去做事情，就是这个缘故。

但赞美就不同了。当你赞美他的时候，他觉得他一切是自己主动的，他很为这成绩自傲，于是除非是一个不求上进的人，他必定更努力地工作，而且还以为他的继续努力也是自动的，同样以鼓励为目的，说话不同效果就会两样。所以当你想鼓励你身旁的人时，不可老是站在长者的地位来严肃地教训他。留心他的工作，找到一点点值得赞美之处时，就紧抓着它来带进你的鼓励，那么你一定得到最美满的收获。

有一个青年初进社会，服务于某公司时，有一个经理先生对他说："公司对你的工作很满意，你安心努力做下去吧！"他觉得这一句话比后来给他加工资时还感到高兴。许多做经理的永远不会对他的下属说一句赞美的话，他整天只是不断地板起面孔来督促着，以致公司里面显得暮气沉沉，毫无活跃的景象。因为大家满肚子里都是闷气，他们从来听不到一句使他们高兴的话，只要做错了一点事情就挨骂，这样的一个公司，绝不会有长足的进展的。

一所办理很好的学校，校长同那些教员们都一定是很懂得用赞美去鼓励学生的人，一个贤明的父母也必会如此诱导他们的儿女，一个卓越的主管也必会用这方法去指挥他的部属。

据说有甲乙两猎人，各猎得野兔两只回来。甲的女人看见冷冷地说："只打到了两只吗？"甲猎人心中不悦，"你以为很容易打到吗？"他心里如此埋怨着。第二天他故意空着手回家，让女人知道打猎是不容易的事情。

乙猎人所遇则恰好相反。他女人看见他带回来了两只野兔，就欢天喜地地说："你又打了两只吗？"乙听了心中喜悦，"两只算得什么！"他高兴得有点自傲地回答他的女人。第二天他打回了四只！

信不信由你，故事也许是虚构，但这却是常情。

创造和谐的沟通气氛

良好的沟通气氛能够使交谈者都会感到轻松而且愉快。良好的沟通气氛，可以保证沟通的主题不断地得以深入，从而使沟通的参与者精神松弛，从交谈中得到愉悦，从而团结又融洽地理解对方、接受对方的意见。

要想创造出一种和谐的沟通气氛，必须要注意以下几点。

第一，仪表要得体。合适得体的衣着，不仅能够赢得别人的喜欢、给别人一个良好的印象，而且还能够不断提高自己在交谈时的信心。一个穿着不干净、不整洁的人很难使别人找到沟通的感觉。交谈时，也应该特别注意自己的仪态，主要包括身体态势，气质与风度，要做到站有站姿、坐有坐相。

第二，态度要真诚。开诚布公、坦率交谈的态度能够使人感到亲切而又自然，彼此交谈的观点与思想也很容易地得到对方的认同。如果是一种虚情假意，言不由衷的态度，就会引起别人的反感，使别人的情绪大受影响，从而很难与对方展开一次深入的交谈。

第三，神情要专注。交谈时，一定要专注而且认真，要正视对方，理解对方的沟通内容。要学会正确地使用自己的身体语言，身体微微地倾向于说话者，同对方保持眼神接触，并且面带微笑，适当的时候，还应当点头以示同意对方的沟通内容。如果在交谈时，东张西望或者左顾右盼，如果翻阅报纸杂志或者做其他事情，都会让沟通者感到难以接受。

第四，反馈要及时。交谈是双方或者多方的事情，一方在阐述自己的观点时，另一方应当通过一些语气词、适当的眼神或动作来衬托气氛，从而更进一步地激发对方的沟通兴趣，使彼此的交流更投入，更愉快。

是否能够掌握反馈的时机对创造一种良好的沟通氛围起着承前启后的作用。当然，在提出问题或者做出其他反应之前，一定要有适当的过渡性话语。

例如：可以对沟通者说：“对不起，我可以插句话吗？”也可以这么说：

“请允许我补充一点。”然后，说出自己的想法或意见。这样的插话不宜太多，以免扰乱沟通者的思路。在作出自己的反应之前，应当充分地考虑一下自己当时的发言是否合适、是否合时。如果是提出问题，还应当考虑到自己提出的问题有什么样的价值，是否能够起到使交谈更加深入地进行下去的作用。

一般说来，交谈过程中的反馈能够发挥因势利导，顺势牵引的作用。也就是说，沟通者在接收到这种反馈信息时，应当是恰到好处地将这种信息作为重新深化话题的一个契机，这种信息激励着沟通者投入更大更多的交谈热情。沟通技巧高明的人，还会十分灵活地借助于身体语言或者一些亲切的语气词与提示词来达到这个目的。在使用身体语言时，一定要注意抓住反馈的时机，不要动不动就莫名其妙地点一下头或者大笑一次。在使用语气词时，不要总是“嗯”、“呃”、“啊”个没完。因为语气词往往只是一种无意义的音节，语气词的主要目的是调节气氛。可是，这些无意义的字眼会破坏他人言辞的连贯性与节奏美，太多了甚至会使对方感到焦躁。

第五，话题要合适。几乎任何话题都可以成为人们的沟通材料，只要自己是个处处留心的人，就会发现很多能够引人入胜的话题。例如，体育运动、电视节目、个人嗜好、天气状况、名胜风光、流行时装、小说电影等等，都可以激起人们的沟通兴趣。然而，由于每个人的个性特点、心理状况以及特殊经历的不同，在选择话题的时候，人们的倾向性就会表现出很大的不同。

有的青少年学生时常感到很苦恼，他们认为自己的性格比较内向、所了解的知识又十分有限，因而很难与别人谈得上来。遇到意见不一致的问题，更是不知所措，要么埋在心里什么也不说，一味沉默，要么一言不合，拳脚相向，这都是不利于沟通，不利于问题的解决的。也确实存在着这种情况，就算是跟很熟的朋友在一起，他们也找不到沟通的话题和方法。但是，这不应该成为青少年学生封闭自己的理由，而应当尽力去培养自己的团结合作能力、交际能力以及说服他人的能力。这就需要青少年学生努力去寻找话题并且从中选择出大家都感兴趣的话题。

平时参加交谈，可以随时注意观察人们的话题，哪些能够吸引人而哪些根本就不吸引人，这又是为什么？自己在开口说话时，一定要练习讲一些能够引起他人兴趣的事情，不要提起那些不会产生良好效果的话题。一般在交际场合中，与刚相识的人开始交谈时，不要冒昧提出比较深入或者十分特别的话题，而应当从一些比较平常的话题入手。例如，我们也可以采用中国人通常使用的传统方法：首先询问对方的籍贯，然后开始谈论自己所了解的有关对方家乡的一些风土人情。

通常来说，在交谈时应当避免谈论自己不完全了解的事情。千万不要把那些似懂非懂，一知半解的内容糊里糊涂地说上一通，不仅不会给别人带来什么启发或者益处，反而给别人留下一个毫不谦虚或者夸夸其谈的坏印象。

有了话题，还必须要有能够言谈下去的内容，不要打开话题以后就显得支支吾吾。要把话题与自己已有的知识充分联系起来。这样既能和谐地解决问题，又能体现你的素质和才能。

沟通不畅的结果

小宇生活在一个大家庭里。有一天他要参加小学毕业典礼，头天他就高高兴兴地上街买了条裤子，可惜裤子长了两寸。

吃晚饭的时候，趁奶奶、妈妈和婶婶都在场，小宇把裤子长两寸的问题说了一下，饭桌上大家都没有反应，饭后这件事情也没有再被提起。

妈妈睡得比较晚，临睡前想起儿子第二天要穿的裤子长两寸，于是就悄悄地把裤子剪好缝好放回原处。

半夜里，被狂风惊醒的婶婶突然想起侄子的裤子长两寸，于是披衣起床将裤子处理好又安然入睡。

第二天一大早，奶奶醒来给孙子做早饭时，想起孙子的裤子长两寸，马上“快刀斩乱麻”。结果，小宇只好穿着短四寸的裤子去参加毕业典礼。

这就是沟通不畅带来的麻烦，一个团队只有进行充分的沟通，在沟通的基础上明确各自的职责，才能搞好协作，形成合力。对于我们的工作和学习，亦是如此，否则反而会造成集体内部混乱、怨声载道。

解决冲突，加强团结

一提起工作，青少年朋友一定觉得很遥远。工作分为广义和狭义。狭义的工作对学生来说，似乎是成年后上班了才叫工作。实际上我们完成的每件事情都可以称之为工作。包括日常学习、参加演出、运动会，这些我们需要参与的事情，都可以说是一种工作。另一方面，我们同学当中，不是每一个都是大学毕业以后才去工作的，有些同学出于各种原因会提前进入社会参加工作。下面，就让我们来向成年人学习工作中解决冲突、加强团结的一些技巧吧。

处理冲突有三种基本方式，即强迫型、放任型，共同解决型。

1. 强迫型（权力型）：要强迫别人执行你的方案，你需要有某种权力（奖励或惩罚的权力）。这样做，结果常常使对方怨恨你，很难达到团结的目的。

2. 放任型（允许型）：你屈服于别人，并容忍别人妨碍你的行为。这样做，你可能会怨恨对方，同时你自身的需求也未得到满足，谈不上什么团结。

3. 共同解决型（合作型）：你和对方确认彼此的各种需求，评价各种方案，找出彼此满意的方案。这个方案不需要什么奖励或惩罚的权力，也不会导致怨恨心理的产生。这样才有利于团结共进。

下面就让我们来看看成人如何沟通，实现团结协作，开始为我们的未来人生预热吧。

强迫型的沟通方式

小王在走廊里就听到了他办公室里的电话铃声。等他把门打开的时候，铃声已经不响了。“小丽到哪里去了？”他咕哝着。小丽应该在1点钟回来的，现在都1：30了。这种事已经不是第一次了。假如在办公时间里没有人来接电话，他这公司还怎么开下去呢？

“小丽，有个问题我想和你谈谈。我今天下午1：25到办公室的时候，你不在，电话铃在响。办公时间没人接电话，我很担忧。我担心会丢掉做生意的机会或者惹恼我们的客户。”

小丽自我辩护性地反应：“如果有重要的事情，他们会再打来的。再说我平时都在一点的时候回来的。但今天我吃午饭时遇到一个朋友，说了一会儿话。”

这是事情的起因，我们先鉴别一下需求发生冲突的情况。如果小丽说出以下这样的话，那就表示双方的需求发生了冲突。

“小王，我知道按时到岗很重要，以后我将努力那样做。但是明天恐怕不行，我约好了要去裁缝那里取为我改做的新衣服，而衣服要到1点钟才可能改好。由于裁缝店在城市另一边，我明天不可能在1点20分以前赶回办公室。”

现在让我们看一下小王对此可能的反应和选择方案。

当你的需求和别人的需求发生冲突时，你可能会强迫别人执行你的方案以满足你的需求。例如，小王可能会对小丽使用强迫型沟通方式，可能是这样说；

“你的衣服是你自己的事，我可不管。我只要求你必须在午餐后1点钟回来，如果你不想丢掉这份工作的话。”

假如你想处理好人际关系，最好别使用这样的方法。但遗憾的是，这种处理冲突的方法在当今社会里很盛行。如果说你的许多社交技巧主要是通过观察别人学到的，那你就可能还学会了这种独裁的、损人利己的方法。

一般来说，要强迫别人做他们不愿干的事或禁止做他们想干的事，你就需要有某种能支配他们的权力。这并不意味着你必须有某种法定的支配他们的权力。假如一个人认为你能够奖励你喜欢的行为或惩罚你不喜欢的行为，你对那个人就有几分支配的权力。这种奖励或惩罚并不一定要明讲，但可以通过你说话的语气和神态，使对方意识到。对方想象中的奖励也许就是你的几句简单的夸奖。当然你也可以向对方明讲你有怎样奖励和怎样惩罚他的权力。

强迫会有什么后果呢

一般来说，强迫型方法只能作为最后的一着。现在，我们来仔细研究一下使用这种方法的各种后果。

要完全懂得使用这种强迫型方法可能造成的后果，最好的办法是设身处地地想一想，比如想一想以前你是否有过那种被别人强迫干违背你意愿的事的经历。回忆起了一个特定的事例后，就请回答以下几个问题：

1. 当时你有什么感觉？
2. 你当时是怎么做的，以及你做那件事的态度怎样？
3. 这件事对你和那个强迫你的人的关系有什么影响？
4. 你是怎样向其他人描述这件事的？
5. 那个强迫你的人在多大程度上意识到了前四个问题所说的后果？

你所选择的事件不同，你对这5个问题的回答也就不同。然而从很多不同的人对这些问题的回答来看，却有很多相似之处。下面的结果就是我在各种讲习会上倾听并收集了数百人对这些问题的回答以后总结出来的。

你当时有什么感觉？大多数人回答说自己对那个强迫自己干不情愿的事的人有一种怨恨的感觉。人们回答这个问题时常用的词语是：怨恨、敌对、愤怒、报复、恼怒、讨厌、反叛以及感觉不快。

如果某人对你有怨恨的心理或感到你伤害了他的话，你要想和他搞好关系就很困难了。要想成功地与人们相处，你就必须采用那些不致使别人对你产生怨恨的办法。

你当时是怎么做的，以及你对做那件事的态度怎样？对这个问题的回答很不一致，主要有以下几种：

“我按所命令的方式做了，但我很不情愿，也没好好干。”

“我做了，但我使他不能得到预期的结果，以证明他是错了。”

“我表面上服从，但实际上什么也不干。”

“我按所命令的方式做了，但以后以另外的方式进行了报复。”

“我拒绝做，我感到有一种反叛的心理。”

这些反应不但会妨碍双方的关系，而且以后还会给双方带来一些问题。对此问题几乎没有肯定的回答，比如：

“我按所要求的做了。在做的同时，我懂得了为什么要求我这样做。这件事赢得了我对他的尊重。”

这件事对双方的关系有什么影响？大多数人认为对双方的关系有不良的影响，只是对“双方关系影响的强度大小与时间长短”这一问题的回答很不一致。下面是几种常见的回答。

“我觉得他一点都不考虑我，我开始讨厌他了。”

“我尽可能地避免碰到他，尽可能地不和他待在一块，我真是太厌恶他了。”

“由于这是一个不寻常事件，所以我很快原谅了他，我们的关系又恢复如初。”

“我和他断绝了关系，从此以后，除了不能避免的场合外，我再也没和他讲话。”

你是怎样把这件事告诉其他人的？假如一个人处于另一个人的很大的支配权力之下，一般来说他不太会拒绝做被强迫的事。比如当一个雇员的上司命令他干某件事时，这个雇员由于害怕会丢掉工作或担心档案里被写上一笔，往往会没有异议地服从。但是，他可能会对此有强烈的看法，这将促使他向其他人诉说他所遭遇到的不公正的待遇。在描述这件事的时候，由于他对雇主感到气愤，他往往会说自己的好话，而把那个雇主骂得一无是处，促使别人也讨厌雇主。

那个强迫你的人在多大程度上意识到了前四个问题所说的后果。强迫别人干事的人通常只注意当时他在场时对方说了些什么或干了些什么。有个车间主任使用了这种强迫型方法并认为他成功地解决了自己的问题。他向别人传授经验时说：“你以一种命令的语气和神态对人们讲话，人们服从了，这就是解决问题的办法嘛。”但一段时间后，他抱怨他手下的工人懒惰、愚蠢、没有积极性甚至经常制造些麻烦。他完全未意识到他解决问题的方式与工人对他的看法之间有着某种联系。

大多数人回答说强迫他们的人只意识到了各种后果中的一小部分，而那些未意识到的部分也许就是最危险的部分。

所以这种方法起初看起来好像是一种以牺牲别人需求来使自身需求得到满足的方法（你赔我赚法），到头来很可能会既损害了别人的需求，又使你失去了对方对你的信任和尊重（你赔我赔法）。假如你让人们失去什么的话，你就不太可能成功地与他们相处，从长远看你将失去他们。

然而，这种强迫型方法是如此盛行，使用起来是如此简便，以至于人们根本就未意识到，也根本未去想过可能会产生怎样的后果。

当阿梅去进行矫正牙齿后的复查时，她心情很忧郁。上个月卫医生用钢丝把她的牙齿固定得太紧了，这使得她整夜无法入睡，因此她想请卫医生给她弄松一点。

“噢，这没什么关系，”医生肯定地说，“你是个坚强的姑娘，疼是肯定的，你会慢慢适应的。我们双方都希望钢丝能尽快取下，对吧？现在就请张大嘴。”

阿梅确实想做个坚强的姑娘，所以也就没再说什么。但那天晚上她又整夜难眠、痛苦不堪。她觉得自己被医生欺骗了，因为他说她会慢慢适应的。一想到他丝毫不考虑她的痛苦，她就感到怒火冲天。她不能让他这样任意摆弄她，她甚至忘掉了下一次的复查，不但对卫医生，而且对医务人员都感到恨之入骨。她告诉她学校里所有的朋友她遇到了一个多么劣等的正牙医师以及多么折磨人的诊所。虽然卫医生以为自己是个温和而又坚定的医生，结果完全没有料到随口说出的几句话会导致这样的后果。

为了防止强迫型方法的各种不利后果，我们在处理问题时就须格外小心。当你提议一个方案时，要特别留意两点：一是此方案是否对双方都完全适合；二是对方是否在需求未得到满足时迫于压力接受了你的提议。如果你发现对方对你的方案并不十分满意，你最好转而采用跟从和反馈的技巧，倾听对方有什么需要，然后再用共同解决问题的技巧来找到双方都满意的方案。

放任自流的解决方法

这种方法就是容忍并听任对方继续那种妨碍你的行为。假如小丽想将她的午餐时间延长至1点20分，而小王让步的话，他的反应也许是耸耸肩、摇摇头，然后嘟哝道："唉，无所谓，我只是希望我们不要没人来接顾客打来的电话。"小王过后可能会感到不快甚至怨恨小丽，而小丽可能会感到有一种过失感，吃午餐时总觉得时间过紧，有一种压迫感，而这会导致她怨恨小王。

当然，放任型有时也可能是处理某个事件的最好办法。比如在对方的需求比你自己的需求更重要、更急迫或找不到一个好办法的情况下，你还不如接受现状，听之任之。但是应注意的是，放任型可能会带来很多麻烦。这种方法除了未解决你原来的问题外，还可能使你怨恨对方。要知道，你对别人有怨恨心理与别人对你有怨恨心理是同样危险的，它们会妨碍双方的关系。一旦这情况发生，你再想搞好彼此间关系就很难了。

放任型还有一个潜在的危险，就是如果你明显地不坚持自己的观点，你的威信会下降。实际上，如果你老是听从别人的摆布，别人就会看不起你。

假如小王允许小丽延长午餐时间使得电话没人接而影响了他的生意时，他就会迁怒于小丽。

假如卫医生后来把阿梅牙齿上的钢丝稍微弄松一点的话，她可能就会是他的诊所的老主顾，一有不舒服的地方就会去医务室找他。

假如某个工厂的车间主任或经理总是采用放任型的办法，整个工厂将变得一片混乱。如果组织的需求未得到满足，这个组织就会遭受损失。长此以往，职工也会遭殃。所以采用"我赔你赚"的方法，结果会使双方都赔。

人们常常不是用强迫型方法就是用放任型方法来解决冲突问题。他们要么把自己的意愿强加于别人，要么很不情愿地接受现状。这样，事情以需求发生冲突而开始，以人际产生冲突而告终。实际上，还有另外一种方法可用来处理冲突，那就是最终将使双方都满意的共同解决问题的方法。

共同解决问题

使用这个技巧不仅可使你自己的问题得到解决，使冲突变为合作，而且还会增进你和对方的关系。有效的共同解决问题的方法有六个步骤：

1. 弄清各方究竟有什么需求。
2. 寻找各种可能的解决方案。
3. 根据各方的需求评价各种方案。
4. 找出一个双方都满意的方案。
5. 计划和执行此方案。
6. 对结果进行评价。

在你按照这六个步骤来解决问题前，你还需完成两个步骤：一是通过沟通，确定这是个什么样的问题；二是征求对方的意见，使对方同意通过协商解决问题。

表明你的需求

各种冲突的需求通常是通过技巧得以确定的。一般应在共同解决问题的技巧之前使用，它主要包括两个部分——让别人了解你的需求以及了解与你的需求冲突的对方的需求。

例如小王告诉小丽如果她午餐后过迟地回到办公室也许就会使一些顾客打来的电话没人接，这句话就意味着小王的需求是“不要漏掉顾客的电话”。

在你使用共同解决问题的方法前，你必须确保对方已完全懂得了为什么他的行为与你的某个需求发生了冲突。你刚开始表明你的问题时，对方可能会出现一些情绪或者会有为他自己辩护的举动，而这会妨碍对方理解你的需求。遇到这种情况，你就最好转换一下，采用倾听与反馈的技巧去倾听对方的诉说。

对方诉说完后，他的情绪变得平稳了，感到你理解他了，他就会反过来认真倾听和理解你的需求。这时你就可以较仔细地描述你的需求了。这个步骤一直要进行到对方完全理解了你的需求并在某种程度上表示了他对此的关心为止。只有这时你才能说对方已承认自己的行为确实妨碍了你。

如果小丽说："我现在明白了为什么在1点钟前回到办公室对你非常重要"，这就表示她已开始对小王的问题关心起来了。

对方可以通过很多方式来表达他的态度。有时通过他说话的语气、面部表情、叹息或非语言的沟通方式你就可以猜到对方对自己的行为妨碍了别人感到不高兴。他可能会这么说：

"哦，我懂了，为什么那个妨碍了你……"

"我很抱歉，不过……"

"我真想帮你忙，不过……"

一旦自己的行为妨碍了别人，人们通常的反应是感到不高兴，因为人们一般都不愿给别人制造麻烦，但他可能以一种为自己辩护的或粗暴的方式来表达心中的不愉快。例如：

"我没办法。"

"我没法使你满意。"

"我已竭尽全力。"

遇到这类情况，你要用反馈的方式来反应：

"你并不想给别人带来麻烦。"

"你在做你认为最好的事。"

"哦，你在做你必须做的。"

很多人会很快从最初的感觉，如过失感、忧虑、踌躇、担心、害怕转变为次生的感觉，如愤怒、怨恨、恼怒等。

这个时候，他们变得粗暴，老是替自己开脱，对别人横加指责。假如你记住在这种敌对反应的后面是最初的感觉，如担忧、过失感，你就能比较容易地做到耐心，并能满怀信心地使用倾听和反馈的技巧来使对方触及到他的最初的感觉。最初的感觉比起次生的感觉来说能使双方更有建设性地进行协商，所以最好避免不产生次生的感觉。

理解别人的需求

你理解别人的需求和别人理解你的需求同样重要。这个步骤常常是你采用建设性态度期间转换为倾听别人的诉说时开始的。在倾听过程中你观察到的对方情绪或为自己开脱的种种辩护，可能并不代表他的有形需要。只有通过有效地运用倾听和反馈的技巧你才可能了解他的有形需求。如果你专心致志地倾听对方说话，尊重和理解对方的感情，对方的辩护、抵触心理就会慢慢消失，这样他的有形需求就容易了解了。值得注意的是，单单靠倾听和反馈是不能消除对方的需求的。

在你确定与你的问题相关的对方的需求时，向对方表示一下你对他的需求的关心和理解是很重要的。日常生活中，许多人常常喜欢贬低别人的需求。然而在使用共同解决问题的方法时，完全不用担心这一点。如果你表示了对别人需求的关心和理解，而不是贬低别人的需求，你就能最终找到一个使你自己的需求也得到满足的方案。

有时别人会夸大自己的需求，如果你未加评论地接受他所说的，这反而会使他觉得没有必要为自己夸大的需求进行辩护。这样你就能比较容易地使他重新调整自己优先考虑的需求或使他更诚实地描述自己的需求。

在下面的对话中，乙以典型的批驳方式来对待甲的夸大，结果引起了甲的抵触：

甲："这项工作至少要干一个星期才能完成。"

乙："简直荒谬！这不可能干那么久。"

甲："乙，这你就不懂了。要知道需要把每个部分都拆开、清理和检验。这简直不可能在一周内完成，实际上可能需要干得更久。"

假如乙以反馈的方式来对待甲的夸大，甲也许就会觉得没必要如此夸大。这将使他变得更加客观，对话也就可能像这样进行下去。

甲："这项工作至少要干一个星期才能完成。"

乙："哦，这一定是一个量很大的工作。"

甲："对，你知道每样东西都得拆开，而这要花两天时间。"

乙："哦，把它拆开就是一个很花时间的工作。"

甲："对，很花时间。假如不遇到什么麻烦的话，我可以争取在一天之内完成，但这至少也得十几个小时。拆开后要对每部分进行检查，然后进行复原，而这需要干一至两天。"

乙："哦，拆开以后还有一至两天的活。"

甲："对，假如遇到麻烦的话就会需要那么长时间。幸运的话，不到一天即可干完。然后要把它再组装起来，这需要几个小时。这样，在不遇到困难的情况下我在两至三天内可完成这项工作。"

由于乙表示了对甲的工作的尊敬和理解，甲就觉得没必要为自己辩护以证明起初所说的话了，他也许会重新考虑他原来的工作。乙也就可以趁机解释自己的需求与问题了。

争取对方的同意

在双方都理解了并对彼此的需求表示了关注以后，你就可以邀请对方来一道解决问题了，这是一个既短暂又简单的步骤，往往可能只需说一句话即可。比如：

"让我们共同来寻找一个能满足我们双方需求的解决方案好吗？"

在这个步骤中，最好强调一下你是想寻找一个对双方都满意的方案，你要使对方清楚所找到的方案既满足你的需求，也满足他的需求。小王也许会对小丽这么说：

"让我们想想是否能找到一个办法，既能使你取到你的衣服，又能在办公时间办公室里有人接电话，好吗？"

共同解决问题的实例

对方同意来解决这个问题后，你就可以按共同解决问题的六个步骤来进行工作了。有时执行这六个步骤是很简便、容易的。让我们来看看小王是如何运用共同解决问题的技巧来解决他的难题的。

小王强调一下双方的需求（步骤1）同时邀请小丽一道来解决问题：

“让我们想想是否能找到一个办法，既能使你取到你的衣服，又能在办公时间里使办公室里有人接电话，好吗？”小丽点头表示同意。

现在小王开始寻找各种可能的方案（步骤2）：

“这一定有很多办法。让我们尽可能地多想一些方案，然后再从中挑选一个对彼此最适合的方案。你想出了什么办法吗？”

小丽一旦决定了什么事就不习惯创造性地找出其他办法了。她回答说：

“哦，没有。裁缝店在我下班的时候已经关门了，这样当天就取不到衣服了。所以我想我只能在午间休息时间去那里。”

小王告诉小丽他想的一些方案：

“一个方案就是下午上班上了一半时间后你去取衣服。由我到办公室来等电话；或者你也可以早一点下班由我来接电话，另一个方案就是，或许我可以将我1点钟与客户的约会地点改在办公室。”

小丽也开始像这样寻找新的可能的方案：

“裁缝店也许有送货上门的业务。或者，如果他们把衣服放在他们隔壁的洗衣店的话，我下班后顺道就可取走。我回家路上刚好要经过那里。”

小王邀请小丽评价各种想出的方案（步骤3）：

“噢，可能的解决办法真多啊，你觉得哪个比较适合呢？”

小丽评价了各方案（步骤3）并提出了一个办法（步骤4）：

“哦，有好几个方案都比较适合我，我觉得我最好还是在回家路上顺便把衣服取走，这样既可省去来回跑的麻烦，又使我不用急匆匆地吃午餐。我一会儿给裁缝店打个电话，问是否可以把改好的衣服放在洗衣店里，我想这是可能的，因为洗衣店里好像挂了一个裁缝店的招牌，这两个店好像有业务联系。假如不可以的话，我再问问他们什么时候关门。我或许没有必要为了赶到那里取衣服而提前几分钟上班。”

由于小丽已评估了各种备选方案并从中挑选了一个，因此如果小王对那个方案也满意的话，他就可以点头表示赞同（步骤4），同时确定怎样执行（步骤5）。他也可以说一句赞美的话：

“你放心，我保证你能在明天取到衣服。你刚才所说的方案我很满意。假如你需要提前下班的话请告诉我，由我来办公室守电话。你找到了一个我们双方都很满意的方案，我非常感谢你。”小王仍留有余地，以便在共同确定的方案遇到困难后，大家还能继续讨论此问题。

“假如说你觉得这个方案有什么困难的话，请随时告诉我，我们可再想想别的办法。”

在这个例子中，小王和小丽找到了一个能满足双方需求的方案。小王对小丽的愿望表示了尊重和关心，同时又强调了在办公时间里要有人接电话的重要性，这样他就使两人的关系得到了增进。同时他使小丽获得了一次以合作的、创造性的方式来解决问题的经历，这对小丽来说是一个很大的收获。

沟通的基本过程

小王和小丽的问题是很简单的，所以在共同解决问题的过程中他们很快从一个步骤移到另一步骤。然而有些问题是很复杂，很困难的，它需要使用更多的技巧，需要花更多的时间才能圆满地加以解决。下面就让我们详细阐述一下共同解决问题过程中的各个具体步骤并探索一下有效使用这个技巧的关键。

1. 弄清各方的需求

理解和接受别人的需求。如果某人说他想得到什么东西，那么这个东西就是他的需求。有时当别人谈到需要什么东西时，你可能会觉得他所需要的对你来说一点都不重要，此时你最好承认对方的那个需求对他本人来说很重要。你大可不必与对方争论他的需求是否有价值、是否重要。对于你来说最重要的是要了解对方到底有什么需求、到底在想什么。有时通过共同问题的解决，你也许仍无法找到一个满意的方案。假如你发现失败的原因在于对方的需求太具体化或太不现实，此时你就大有必要对他的需求作一番研究了，研究一下他未表露出来的、更深一层的需求到底是什么。

确定不直接发生冲突的需求。假如小王说他的要求是要小丽在午餐后1点钟回来，而小丽说她的需求是要将午餐时间延长至1点20分，这时他们就处于僵局之中了，因为他们各自的需求发生了直接的冲突。碰到这种情况时，要研究一下双方更深一层的需求是什么，也许在更深一层的需求层次上，双方就没有直接的冲突了。低一层次需求的满足往往是为能使高一层次的需求得到满足。比如小王要小丽在1点钟前回到办公室，是因为他想使办公时间里打来的电话都有人接，而使电话有人接这一需求又是为了能满足更高一层的需求，即随时能为顾客服务，使顾客满意。这一愿望又是为了他最终在事业上成功。所以，需求存在着等级。

当你问对方："你为什么需要那个呢?"你就会探知出对方高一层的需求。一直这样问下去，你最终会接触到人类最根本的一些需求。马斯洛把人类的需求分为五个层次，即生理需要、安全需要、归属和爱的需要、尊重的需要以及自我实现的需要。

当对方提出他的需求，你没有必要一直问下去。只有当你观察到的对方的需求很难满足或与自身的需求发生明显的冲突时，你这样追问下去才会对你有好处。

弄清与问题相关的各种需求将是一个很长的、相当困难的，同时又是极其重要的过程。当你对问题本身还弄不清时，就根本谈不上要解决问题了。如果你能明了各自的需求，你就不但能充分理解所遇到的问题，而且你也知道了你的目标是什么和你应该是什么。

由于采用建设性态度的技巧往往在共同解决问题前已经使用了，所以在确定了各自的需求后，你只需再陈述一遍那些需求。在陈述时，你也许觉得有必要对需求做进一步的澄清。

遇到复杂或困难的问题，记下各自的需求对你将很有用。把这个记录放在方便的地方，使你随时能够参考。有些对方未提到的但与问题有关的需求，经你询问后，如果对方承认的话，可以把这种需求添加在记录里。

对双方共同的需求加以强调，这将创造一种合作的气氛，使双方能更快地解决问题。

2. 寻找各种可能的解决方案

想出的方案越多，你就越有可能找到一个令双方感到满意的方案。在现实生活中，人们往往选定第一个想出的方案。实际上，如果继续进行创造性的思维，一个更好的方案是完全可能找到的。创造性思维会给你带来令人惊讶和欢欣的硕果。

这种思维促使人们想出尽可能多的方案。在这一过程中，不要管所想出的点子是否可行，也不要进行评价（正面的或反面的）。一个方案提出后，马上记在纸上，并让每个有关的人都能看见。一个方案想出后，往往会促使相关的方案被发现。有时一个荒谬的点子会使人们想出一个很好的方案。这个过程是一个进行得很快的、有创造性的、充满乐趣的过程。如果有好几个人一道进行创造性思维，效果最好。对于两个人很有用，甚至也适用于一个人。

在提方案时，避免评价是相当重要的。一个方案提出后，人们往往会对此评论一番，这对于整个进程是不利的。假如你挑剔对方的方案，对方可能就不愿再想什么方案了，也可能为自己的方案进行辩护，这就使你脱离了这一步骤，同时气氛就变成了争论、辩护而不是合作了。

假如你以一种赞赏的方式来评论一个方案，你就会发现自己越来越倾向于这个方案，而这会妨碍你考虑别的方案，同时对一个方案的赞赏往往会使你忽视其他那些评价不高的方案。最好别作什么评论，除非这种评论采取一种中性的方式。比如，“这是我们想出的又一个方案，还有什么方案吗？”

即使你未对方案进行评价，你可能会发现对方有评价的习惯，为了避免对方评论，你可说：

“让我们看看能想出多少种方案，在这一过程中，大家都不作任何评论。到了最后，我们才从中挑选出几个方案，然后评价一下它们各自的优缺点，好吗？”

千万注意，在实行这一步骤时不要讲下面这样的话，否则会遭到对方进行评价的：

“这个方案你觉得怎么样？”

“你认为我们能……吗？”

“这个方案能行吗？”

要防止对方评论，你可这么说。

“一个可能性是……”

“另一个备选方案是……”

“我们可以多动一下脑筋……”

邀请对方多想一些方案时，可这么说。

“我们还能做别的什么吗？”

为了防止这个步骤结束得太早，事先确立一个目标将是有益的。你可以这么说：

“让我们看看是否能想出至少十个方案，然后我们再仔细研究各方案。”

或者“我们看看五分钟之内，一共可想出多少种方案，然后再对其进行评价。”

创造性思维是这一步骤成功的必要条件。假如自己处于困境，重新明确一下各种需求，以帮助你把焦点对准自己的目标。把一些明显不现实的方案也包括进来，可能是会有帮助的。假如你让自己的思想自由地、无约束地翱翔，你最后会为自己想出的这么多不同形式的方案而感到诧异。

3. 根据各方需求评价各方案

想出足够多的方案后，你就可以对你认为合适的方案进行评价了。你完全没必要对提出的所有方案逐一评价，你可先划掉那些双方都不满意的方案，然后再着重研究剩下的方案。另一个可行的办法就是仅考虑双方最喜欢的方案，对别的方案可以不管，但不要完全忽略它们，因为它们会提醒你还有备选解决问题的办法。

在评价时，要清楚地阐述自己的意见、自己的爱好等等，要使用倾听和反馈的技巧去倾听和理解对方的评价。你要充分表达自己的观点，要理解对方的观点，而不要拼命去说服对方同意你所喜欢的方案。

必要时，可以回到以前的步骤去，在考虑一些方案时，你可能会发现对方还有一些你以前未观察到的需求，此时你就要回到第一步，认真地了解对方需求。在进行第三个步骤时，你可能会发现，还有一些备选方案，此时你要回到第二步，把这些方案添到你的单子上。

假如所有的方案都不满意，回到第一步去确定一下各自更高一层的需求，或者回到第二步，以寻找更多的方案。你也可请个人来给你出点子。在第二步骤中，我们已知道人越多就越可能发现更好的方案。人们往往很喜欢步骤2，特别是所讨论的问题不是他们自己的问题时，他们越有可能给你出好主意。

在共同解决问题的过程中，如果有必要回到以前的步骤去，不要犹豫，但切记不要过早地转移到下一步骤。通常从步骤3转移到步骤4是很自然的，但要注意这种转移不要进行得太快。

4. 找出一个双方都满意的方案

当你认为你已找到了一个双方都满意的方案时，你要对这个方案再次明确并征求对方的意见。假如对方的言辞或非语言的动作暗示着他并不完全满意时，你要转换为倾听和反馈，从而找到他不满意的地方。然后你再回到前面的某个步骤，如此进行下去，直到找到一个双方完全满意的方案为止。

要找到一个双方都满意的方案似乎太理想化了，也许并不现实。然而，假如你遵循共同解决问题的方法，对方是愿意找到一个你满意的方案的。由于双方都想找到使对方满意的方案，那么成功的概率就比较大了。

一旦你找到了一个双方满意的方案，最好重新清楚地复述一遍那个方案以确保双方的理解是相同的。在某些场合里把方案书写下来也许更好。

5. 计划和执行方案

我们心里不但要清楚到底决定了哪个方案，而是要清楚怎样执行这个方案。我们要问几个问题：是谁来做？什么时候？在哪里？怎样做？

回答了这些问题以后，把答案清楚地复述一遍以确保双方都清楚方案将怎么执行。

你参加过那种只说不干的会议吗？会议结束时大家都对作出的决定感到很满意，可下一次开会时却发现根本就没有采取什么行动来执行那个决定。当步骤5被省略掉时，这种情况就很可能发生。

假如你和对方对某个方案都很满意，那么你们两人很可能都想参加到执行那个方案的过程中去。假如对方主动提出要参加方案的执行，你可对此表示赞赏。

一旦你同意了某个行动方案，你就应该守信。假如发生了未预料到的事，阻碍了你执行方案，你应尽快通知对方。假如在同意某个方案以后，你发现自己对它不太满意，此时要尽可能快地把你的情况告诉对方。假如你坦率、真诚、现实而又善于理解人，对方就可能以同样的方式来对待你。

假如对方并没有履行他的诺言，你要以坦率、诚挚的方式去鼓励他谈论这个问题。通过倾听和反馈，通过你的耐心和对对方的理解，你是可以做到这一点的。如果你想使对方清楚你的需求以及他不执行方案对你已经造成或可能造成的问题，你可采用建设性交谈的技巧来做到这一点。这意味着你要用一个新的建设性交谈语句来开始，然后再次经过协商，共同解决问题。

假如你们的行动方案的某些方面涉及一些你们不能完全控制的因素，此时你们也许需要再制定一个备选方案。

当你们的解决方案很复杂或要花很长的时间时，把怎么执行的步骤写下来，对你们将会很有帮助的。在这种情况下，也许采用脚踏实地、慢慢干的方法更加妥当。

在共同解决问题这个方法的最后阶段，强调一下双方都对选定的方法感到满意是很重要的。这意味着一旦执行过程中发现有什么不满意的地方，双方可随时重新协商。你要避免说这样的话：

“既然你同意了，我希望不管发生了什么你都能信守诺言。”

你可以这样说：

“让我们来执行双方都同意的方案吧！假如我们当中有谁发现了有什么问题，或这个方案不可行，我们可以再来研究一下，看看有没有别的方案可以采用。”

你可以事先确定一个怎样评价执行结果的方法及什么时候进行评价。你也可以在以后不定期地与对方检查一下执行的结果。你应对结果进行评价。

共同解决问题的好处

当你使用这个方法时，你极有可能找到一个相当好的解决你的问题的方案。同时，由于双方都进行了创造性思维，方案是双方选出来的，这会促使对方执行它，而无需你强迫对方去执行了。

共同解决问题的方法不会导致怨恨心理的产生。通过这个共同协商的过程，双方对彼此的需求都更加了解了，这会促使双方感情上更加接近，从而增进双方的友谊和关系。

在你使用这个方法的过程中，你和对方都提高了解决问题的能力。当对方是你的雇员时，这个方法对你来说尤为重要了，要使你的雇员学会怎样与人打交道，一个最容易的方法就是言传身教。当你与他们交往时，他们不仅会观察到你使用的人际技巧，而且还会假定你要求他们与其他人打交道时也像你这么做。然而，假如你的人际技巧不好的话，你的这些不好的技巧也很容易为雇员们所模仿，而你甚至可能不会意识到。

共同解决问题隐含着三个有助于搞好人际关系的意思：

1. “我关心你的需求，希望找到一个你满意的解决方案。”

2. “我关心自己的需求，必须找到一个我能接受的解决方案。”

3. “需求发生冲突并不一定是件坏事，通过合作的办法我们完全能够解决问题，而且我们还能增进彼此的关系。”

不成熟处理办法的危险

当人们意识到需求发生了冲突时，他们往往在未与对方商议的情况下就决定该怎么解决问题了。即使他们的目标仍是去找到一个各方都满意的解决方案，但遗憾的是，整个过程实际上只有两步：

1. 当某个人意识到一种潜在的冲突时，他独自决定该怎么解决。

2. 他劝说对方同意他的解决方案。

这种方法和强迫型方法是类似的，不同之处在于前者是问题的解决者企图说服对方，而后者是问题的解决者利用权力迫使对方服从。使用这种方法的人想法是好的，但采用的步骤太少了，不足以解决问题。当你并不特别注意别人的需求时，你独自提出的方案就不太可能使对方感到很满意。那个解决方案对你来说也许是明显不过的，但并不一定就是最可行的或最持久的。对方可能会极不情愿地同意了你的方案，但驱使他执行方案、并使方案奏效的动力就减少了。结果你可能发现你以后会不断地遇到和解决同样的问题。

一个人一旦打定主意该怎么办后，要他再去考虑别的方案就困难了。他会把整个身心都集中于劝说或强迫对方同意他的方案上。假如你不知道最好的解决办法，使用共同解决问题的方法就相对容易一些。实际上，只要你不偏心于某个方案，只要你愿意考虑别的方案，任何主意都是有用的。

另一方面，当问题比较简单，解决办法对你来说比较明显时，为了节省时间，你可以通过直接建议某个方案而达到解决问题的目的。这样做时使用条件赞赏语句描述这个方案、解释这个方案不但能满足你的需求，而且能满足他的需求，然后告诉他你对此的感觉。在这以后你再转换为倾听和反馈，而且做好充分的准备，一旦对方对你的方案不很满意，就转而使用共同解决问题的方法。

集体问题的解决

在涉及两人以上的情况下共同解决问题的方法同样十分有效。人数很大时，经过适当的调整以后，这个方法照样可以运用。

谁来参加解决问题？

当问题涉及两人以上时，谁来参与解决问题是首先应当考虑的。为了决定人选，你可以问三个问题：

1. 谁拥有所需要的作出好决策的信息？

2. 为了执行各方同意的决策，使之奏效，应该激励谁？

3. 谁能够使共同解决问题的过程顺利进行？

一个经验就是把能够找到好的方案，并使之在实践中奏效的所有必要的人都包括进来，对于不必要的人就不要包括进来了。

在大团体内运用共同解决问题的方法前，你要把那么多人包括进来参加决策可能花费的时间与可能得到的好处作一下比较。让每个人都参加所有的六个步骤，是不必要的。一个或几个步骤可以由多一点的人参加，但以后的步骤可以由少一点的人来执行。当人很多时，整个过程就需要一些沟通的工具，如备忘录，意见箱、新闻短讯、公告牌、个人计算机和选派代表等等。同每一个有关的人确定通过什么程序来作出决定是很重要的。下面我们举一个现实生活中的例子：

运用共同解决问题的方法来制订休假制度

当人事经理听说许多雇员都对公司的休假制度感到不满意时，他决定运用共同解决问题的方法来找到一个尽可能使更多人满意的休假方案。

首先，他找了几个他知道对休假制度不满的人交谈。他运用倾听和反馈的技巧来倾听他们的意见，并把他们的抱怨都记录下来。他鼓励他们提出自己的需求（步骤1）。

比如一个雇员抱怨说他没有预订到他家人最喜爱的海滨的房间，因为在他知道他的休假时间安排前，别人已经预订了。经理于是把那个雇员的需求记录下来，那个雇员的需求是“能够尽快地知道休假时间以保证预订到最好的房间”。经理同时把他们各自需要的休假时间都记录了下来。

随后，经理找了一些在制定雇员休假安排方面特别拖拉的经理交谈，并把他们拖拉的原因（他们的需求）记录下来。

当他认为他已调查了休假安排方面的各个环节后，经理就把包括各方需求的备忘录分发下去。他要求所有的雇员和经理人员把尚未列入备忘录的需求告诉他，同时邀请大家把他们认为可能使各方满意的方案写下来交给他（步骤2）。

再次，经理邀请了一些有兴趣的雇员和经理组成了一个委员会来评价所有的方案（步骤3），并找出他们认为是最满意的解决方案。为了保证能照顾到各方的利益，他从不同的管理层次以及不同的部门中挑选人员来组成委员会。委员会中的每一个人都有一份备忘录，上面记录了各方的需求（包括上层管理人员的需求）以及人们想出来的各种方案。

委员会最后决定的方案送给上级批准（步骤4），然后交给有关机构执行（步骤5）。

新的休假制度执行了几个月后，经理调查了管理人员和工人，以检查这个新的制度到底怎么样（步骤6）。调查以后他再次召集了委员会的成员，以讨论是否要做一些小的改动。然后他又把委员们的建议递交上级部门批准。如果获得了批准，便交给有关机构执行。

解决集体内部的问题

当组织内人们之间的需求发生冲突时，通常人们解决问题的自由度是很有限的，因为可能要涉及组织的某项政策或制度。当高一级权力机关的某项政策或条款与你解决你的问题的方案发生冲突时，你此时有四种基本的选择办法：

1. 服从政策或制度的有关规定。
2. 你想通过合法的手段来改变组织的政策或制度。

3. 你不服从政策的有关规定，因而要冒风险。

4. 为了不受那项政策或制度的制约，你离开了原部门，原组织、甚至那个国家。

改变政策。你可以使用共同解决问题的方法来改变组织的政策。整个过程与经理改变他的公司的休假制度的过程可能是类似的。当你在公司是处于中等或下层地位时，你应怎样处理在公司内遇到的问题呢？下面提出一些建议，其中包括得到允许来研究那个问题，然后使用共同解决问题的六个步骤来解决问题。

首先，你要确定问题，得到研究那个问题的许可。你可能要与其他人谈论这个问题，直到你不但明白了自己的需求，而且明白了公司的需求和雇员们的需求为止。你要记住的是，每项政策都是为了满足某些需求而制订的。那些需求也许现在已不复存在了或没有现在的需求那么紧迫了，这种情况是可能的。如果你了解到了制订那项政策到底是为了满足哪些需求，这将对你很有帮助。

对问题有了明确概念后，你就可以去找你的上司或主管这方面的雇员了。你最好把问题书写下来，先让官员浏览一遍你的简略的报告，然后找一个他方便的时间和他谈谈。你要清楚地讲述那个问题，并请求对方同意让你来处理那个问题，并保证你找到的解决方案不但会满足你的需求，而且还将满足公司的需求和其他雇员的需求。

你要仔细倾听官员的反应，使用你的倾听和反馈的技巧来表示一下你对他的处境的理解，假如你听到什么你以前没想过的情况时，你也许需要在深入研究之前对整个问题进行重新考虑。

官员对你的建议也许会持抵触甚至敌对的态度。改变经常会带来威胁，所以人们不愿改变。抵触改变是很自然的，通过倾听和反馈，你可使对方发泄他的抵触情绪，这样他就能更加坦率地来考虑你的问题了。不要急于求成，不要急于推销你的观点。当你察觉到对方不快或想说话时，你要及时转而采用倾听和反馈的技巧。起初这似乎花费了比较多的时间，但从长远看，你会节省时间的。

另一方面，假如你对官员的反应不满意时，不要轻易放弃你的努力。

通过倾听和反馈，通过再次地、更详细地解释你的问题，对方也许就能听得进你的话了。

一旦你得到了研究那个问题的许可，你就可以通过共同解决问题的六个步骤来进行处理了：

1. 根据组织和雇员的需求来确定问题。在你请求官员允许你处理那个问题前也许你就已满意地完成了这一步骤。如果是一个很复杂的问题，要求进行大量的调查，也许你只能在获得批准以后再进行调查。

在这一步骤中，有两个人际沟通技巧对你将非常有用。一个是询问的技巧，你要让人们告诉你他们的与问题相关的需求以及公司的需求；另一个是倾听和反馈的技巧，你要保证准确无误地接收到信息。

在把与问题有关的需求的信息收集到以后，你也许想以简要、明了的方式向官员汇报一下。在他同意后，你就可以开始下一步工作了。

2. 尽可能地想出更多的解决方案。在这一过程中，邀请几个人参加也许会对你有帮助。人多一点，想出来的方案也就多一点，同时你会赢得更多人对最后的方案的支持。

你要对每一个参与这个过程的人都表示一下感谢。不必在喜欢他们的方案时才向他们表示感谢。比如，你可这样说：

“我感谢你们的建议，想出的方案越多，我们就越有可能找到一个满意的解决办法，这对我来说非常重要。”

3. 根据你了解到的各方的需求情况评价方案。你也许想在总结出最可行的方案前与某些重要人物谈谈你的看法，你也许想计划一下怎样执行最可行的方案。假如你写一份报告，上面有一个或几个方案，并有各个方案的优缺点以及怎样执行的计划，这样的报告对你是有帮助的。你可以把它交给有关部门批准。

4. 记住：政策是由有权力的人制订的。当你极力推崇某个方案，而又不得不等待别人来作出决定时，你一定很忧郁不安，你可以试试是否能够加快这个程序。如果不可能的话，你必须要有耐心，同时要坚持不懈，你可以使用一些技巧，如扬长避短、倾听和反馈、建设性态度等。假如你想对审批的程序提出建议，你可使用条件赞赏语句，如：

“假如你们能在6月前作出决定的话，我们就可以在预算中把这个决定体现出来了。这将大大减少我们的麻烦，我会为此非常感激!”

5. 贯彻执行最终的方案。方案通过了审批，你要履行属于你的那部分职责。通过扬长避短，你还可以激励其他人履行属于他们的那部分职责，假如有的人忽视了他的职责，你可运用条件赞赏语句来激励他们。假如他执行起来有困难，你可使用倾听和反馈的技巧。假如发生了未预料到的事，也许你就需要回到步骤1、2、3或4去。

6. 让其他人知道你很关注执行的情况，并让他们清楚一旦方案不令人满意，还可继续研究那个问题。你可能想建议一个随时对执行情况进行分析、控制的办法，在执行过程中出现了什么情况，不要隐瞒，要重视它。

让我们总结一下。当你在组织里遇到什么问题时，不要害怕去触动问题，即使这种问题不属于你的职权范围。如果你使高层管理人员意识到了组织的某项政策对各个层次的雇员有什么样的影响，这对整个组织的健康发展将是有利的。假如你使用这里推荐的技巧找到了一个更令人满意的政策，你付出的劳动将会受到每个人的称赞。要使自己成功，你就要对怎样解决问题做好充分的准备。准备工作的一个最重要的部分也许就是既要理解和尊重别人的感情和需求，又要使自己做到既有耐心又百折不挠。

假如你失败了

若你期望通过使用共同解决问题的技巧或其他技巧，你的所有问题都能得到圆满的解决，这是不现实的。

若你充分地运用本书中的技巧，在大多数情况下你会得到成功，但有时在使用某个技巧时，你可能没有得到满意的结果。下面就让我们看看造成失败的各种原因以及相应的处理办法。

造成失败的原因

失败的原因有：没有有效地使用技巧，你的目标发生了变化，过去关系不好或对方不关心你的需求。下面让我们对每种原因进行仔细的研究：

1. 没有有效地使用技巧

失败的最可能的原因也许就是你未能有效地使用技巧。当你对某个问题感到不高兴，或对方产生抵触情绪，进行自我辩护或变得盛气凌人时，要你继续运用客观的、理解别人的方法就很困难了。假如不是以直接的方式的话，你此时很可能会以间接的方式来传递你的指责和不满，从而又加剧了对方的对立情绪。这种情形可能会愈演愈烈，终至发展到公开的敌对。这样你就不会成功地解决问题了，要成功地运用共同解决问题的技巧，必须建立合作的气氛，而不是敌对的气氛。

遇到这种情况，如果你有耐心、勇气以及良好的意愿，你可就对话的中断或失败表示道歉，并要求对方给你一定时间来重新调整你的情绪。你很自然会倾向于挑别人的错，希望别人向你道歉，同样，对方也可能更注意挑你的错，希望你能向他道歉。在你表示道歉后，他才会更客观地看待他的过错。

你不能控制住对方的情绪和行为。但你能控制你自己的情绪和行为。在你这样做的同时，对方很可能会受到感染。你没有指责对方、也没有把对话的中断归罪于对方，而是把注意力集中在自己的不耐心以及未能充分使用倾听和反馈的技巧上，这样对方就没有必要为他自己进行辩护了。他就会更理智地看待问题了。通过这个过程，你可能会重新获得成功，并可能得到一些有益的收获。

你没有必要因为自己未能以最有效的方式来处理问题而过分责备自己。因为这个过程中要用的技巧相对来说有点理想化，若你期望自己在实践中同共同解决问题这个方法的各个建议完全一致这是不太现实的，对你也是没有帮助的。假如你能意识到自己偏离了技巧的要求，假如你愿意承认你做了一些不好的、没有人做的反应而同时又不指责自己和对方，这对你是大有帮助的。你应避免自己贬低自己，你可为某一行为表示道歉，但同时要保持自己高水平的自尊和自信。

2. 目标发生了变化

另一个导致你失败的原因就是你的目标发生了变化。当你产生了不满情绪时，这种情况就有可能发生。记住，你使用建设性交谈和共同解决问题的技巧要达到的目标是：

(1) 使问题圆满地得到解决。

(2) 不伤害双方的关系。

(3) 双方的自尊都得到了保护。

在建设性交谈和共同解决问题中提到的所有的建议都是为了直接帮助你达到这些目标。然而，假如对方对你的反应是抵触、怨恨、自我辩护，这也许会触发起你想证明他是错了的愿望。你也许想不顾对方的面子去证明他是错了或证明你是正确的。这种目标与前面提到的三个目标就不一致了。

有时可能连你自己都未意识到你的目标已发生了微妙的变化。假如你产生了怨恨的情绪，这种情况就可能发生，下面显示的一些内心活动也许就是由于怨恨产生的。假如你发现自己也有这样的内心活动，那你就把它们当作可能使你转换目标的危险信号吧：

“为什么我要听他讲？他根本就没有听过我讲！”

“他应该受到指责，为什么还要我向他道歉？”

“我应该让他知道他的所作所为是多么糟糕。”

“他给我带来了这个问题，结果他未受到任何惩罚，甚至他还没有向我表示过道歉，这不公平。”

假如你意识到自己产生了一种想伤害或指责对方的情绪，而想把目前的情绪改变为建设性的态度，请读一下第7章的有关章节。

3. 过去的关系不好

假如你和对方过去就存在着怨恨，要通过共同解决问题的方法成功地达到目标就很困难了，因为共同解决问题的方法是建立在相互尊重的基础上的。没有相互的尊重，协商就可能失败。双方过去关系不好很容易使双方有一些抵触的反应。但另一方面，假如你十分小心地使用这些技巧，你是可以建立起双方的相互理解和相互尊重的。首先消除你自己的怨恨情绪（技巧 7），然后运用扬长避短和倾听反馈的技巧来建立起理解、尊重气氛，这样你就能够有效地处理问题了。

4. 对方不关心你的需求

假如对方不关心你的需求，他就不会有动力来帮助你解决问题，为了克服这个问题，你需要了解他为什么不关心你的需求。

对方是不是认为你的需求是你自己的事、与他无关呢？假如他确实这么想，你有必要向他说清他的行为给你带来的问题。假如你无法说清，也许这是价值问题，应该按第 5 章介绍的方法来处理。

是不是你说了或做了什么而导致对方产生不满情绪？假如你认为可能是这种情况的话，你可请对方谈谈他的那些情绪。你要使用倾听和反馈的方法来表示你对他感情的理解和接受。然后对他所描述的以恰当的方式进行反应。你可能表示一下道歉或解释一下你的行为或当时的情况。一旦解决了这个问题，对方就可能乐意与你合作了。

对方是不是害怕共同解决问题的结果不会使他满意？假如是这种情况的话，你要向对方保证你是想找到一个令双方都满意的解决方案的。说话时一定要真诚！

对方是不是不愿花时间来解决你的问题？这有两个可能：一是对方确实没时间，一是前面提到的任何一种原因。假如对方不愿花时间来帮助解决你的问题，你应考虑其他的办法，如改变你自己或改变环境。或者你不得不把原来的问题暂时搁在一边，先着手解决对方不愿花时间这个问题。

比如，你可以先用建设性交谈语句讲述一下对方不愿花时间来解决你的问题对你造成的有形影响。在谈论你的问题时，要做到思路清晰。必要时应坚持不懈。

对方是不是虽然明白他给你带来了有形问题，但完全不在乎你的需求呢？这种情况的可能性不大。虽然满足你的需求可能没有满足他自身需求那么重要，但大多数人一般都不想去给别人带来什么问题。你要小心翼翼地倾听和反馈，随时收集对方的非语言信息并进行反馈。通过这样的过程，你可能会找到他不愿意合作的原因，你可能也会对他更加了解。

也有可能对方感到自己太糟糕、太不行了以至于他根本没有心绪来考虑别人的需求。通过倾听你可以给他一个他最需要的东西，你要使他感觉到他是一个有价值的人。表示他的感情值得你理解和尊重，你就可增强他的那种感觉。这个过程虽然耗费时间，但它也许是对时间的最有价值的使用。

当然也有可能由于对方的感情处于瘫痪、崩溃的边缘而使他不容易向你或其他任何人吐露他的真实情况。有时你只好接受现状，考虑不要求对方主动合作的方案。也许你可以用别的方式来满足你的需求，也许你可以改变自己，使你不再有那个需求。在考虑很危险的强迫型的方法前，你最好多想想是否有不需要对方合作的解决问题的其他办法。

强迫式沟通要考虑后果

对双方关系会造成很大危险和深远影响的方法是强迫型方法。这种方法不顾别人的意愿、强迫别人执行你的解决方案。在使用这种方法前，你应该认真地考虑可能造成的后果。

虽然强迫是很危险的，但有时它又可能是你最好的选择办法。假如事态的发展会危及你或其他人的人身安全，这种方法也许就要优先于维持关系的需要来加以考虑了。或者假如你没有时间来解释整个情况或激励对方与你合作，你可能需要迅速地达到你的目的，然后再解释。也有可能对方没有能力来理解你的问题，因而也就不能参与解决问题的过程，这就使得你有必要考虑强迫的方法了。总之，不管是什么原因，假如你找不到另一个满意的解决办法，或假如找到解决的办法对你来说比双方的关系更为重要，你也许就想运用你拥有的权力来强迫对方执行你的方案了。

要强迫对方放弃他的需求，服从你的意愿，你必须拥有某种形式的支配权（前面已提到过，这意味着你能在某种程度奖励或惩罚他。你对他的支配权可能很简单，也许就是对方渴望得到你的赞赏）。这种奖励或惩罚的权力没有必要讲出来，也并不一定要真的拥有这种权力，只要在对方的意识里认为你有这种权力就行了。假如有时间的话，在强迫对方之前，你应考虑一下假如对方拒绝了你的要求你应怎么办。你最好计划在先，预测各种可能的结果，而不要到头来发现自己处于危险境地而无法解脱。你应考虑一下对方拥有什么支配你的权力，以及一旦他决定用他的权力来以损人利己的方式解决冲突时你该怎么办。

把危害减到最小

强迫型方法对双方关系的危害可能并不能完全消除，但你可以使这些危害减少到最低程度，下面就是五种达到这个目的的方法：

1. 明确说明你采取这种行动的目的是为了解决你的有形问题。这会防止对方认为你是故意想伤害他或出于愤怒、不欢喜、甚至仇恨。

2. 以真诚的方式对你的行动给对方带来了问题表示道歉。由于你并不想给他带来什么问题，你只是想解决你的问题，所以你可真诚地向对方解释为什么你要采取这样的行动，并对给他带来了问题表示道歉。

3. 倾听对方想说的一切话。对方可能会产生强烈的不满情绪，此时你应采用倾听技巧。通过你的耐心与善于理解的反馈，你就可以使对方的情绪得到健康的发泄。在这个过程中，假如对方的情绪太强烈或直接针对你的话，你也许会感到不舒服，但你不要害怕接受理解他的那些情感。一旦他的感情得到了健康的发泄，也就不太会报复你或夸大其辞地告诉其他人了。

记住，倾听并不等于同意。通过倾听和反馈，你表达了自己对对方感情和观点的理解，但这并不意味你同意他的观点。这两者存在着很大的同时又是很重要的区别。

假如在听的时候你发现了什么新情况，要随时准备重新考虑整个问题。

这并不是要你不满足自己的需求，而是说你应有随时愿意考虑其他解决方案的思想准备。

4. 你可以以某种方式来对对方进行补偿。比如，你若要求一个雇员在他不方便的时间里工作，你可给他加班费或让他自己选择一次休假时间。

5. 事先计划好怎样避免给对方造成问题。你可让对方知道为了避免将来给他造成什么问题你已作了专门的努力，这样可使对方更能接受你的强迫性方案。

团结协作的培养

团结——体育的精神

体育锻炼对大部分人们看来是一项耐力与毅力的一个挑战。人们为了要有强壮的身体，为了要有一个完美的身躯，付出了大量的汗水和时间，追求着自己梦寐以求的理想。最终，有一部分人实现了他们的理想，而有些人却实现不了。这又是为什么呢？

原因是：要想实现最终的目标和理想，要有一个信念，那就是：“坚持不懈，顽强拼搏”。

然而这是对于个人的锻炼来说，可是一个队伍，要在实践中不断地进步，不断提高水平，这时，当靠个人的努力是没有用的，必须要大家一起努力，才能使一个队伍慢慢地壮大，慢慢地成长。

团结是一切努力的基本，没有团结的意识，没有团结的核心，要想成功根本就是无稽之谈，在训练场上只懂得自己的风光炫耀，然而忘记了团队精神，虽然自己扬名千里，可是整个队伍也许就因为你的表演，而毁坏了前程。要想为了自己出名，又要使队伍胜利，你只有与自己的队友们齐心协力，在训练中积极刻苦，心中以“团结就是力量”的意识去磨炼队伍，磨炼自己的意志。

就像某些班级的篮球队，虽然大家对篮球十分热爱，各个队员水平都不错，可是每次比赛总是以失败告终，以至于大家的信心没了。

水平不算差，可是结果总是让人失望。在场上，只懂得表现自我，忘记了这是一场团体的比赛，而只当是自己的表演秀，也就是缺少团队精神。一段时间过去了，大家在平常训练中逐渐把团结的思想打入心里，时时刻刻把这种精神投入到训练。我们的努力，总算是没有白费，我们的进步很大，也取得了很大的进步。

每次运动会，不知大家有没有注意到，每次本班级的男生在长跑比赛中，气喘吁吁地奔跑着，班上的女同学也是非常热情的、非常投入地为他们加油，是什么使得女生们这么卖力地为男生加油？是团结的精神促使她们这样，为了班级的荣誉，为了同学们能取得好成绩而“努力”着。

一个队伍没有凝聚力，就像一盘散沙，可以被对手轻而易举地战胜。那这样就称不上是一个队伍，更像是一辆公共汽车，随意上，随意下，任其自由，根本就毫无意义。所以，一个队伍的凝聚力是非常重要的，队员之间一定要互相帮助，互相学习，要以大局为重，建立起一个强大坚固的队伍。无论做任何事，心中铭记“团结就是力量”！

细说足球中的团结协作

足球可能是当前国际最狂热的运动了。考证起来，它最早起源于中国古代的一种球类游戏“蹴鞠”，后来经阿拉伯人传到欧洲，发展成现代足球。很多国家将足球定为“国球”。现代足球运动在英国兴起后，通过英国的海员、士兵、商人、工程师和牧师传播开来。

英国足球协会于1872年开始举办优胜杯赛，从而使足球运动流行全国。1875年，现代足球传至荷兰、丹麦，1882年传至瑞士，1885年传至德国，1890年传至捷克斯洛伐克，1894年传至奥地利，这些国家相继成立了足球协会。1904年在巴黎，法国、瑞典、瑞士、比利时、西班牙、荷兰、丹麦7个国家的足球协会召开会议，成立了足球国际性组织——国际足球联合会，英文缩写为“FIFA”。它是奥林匹克委员会的一个单项体育组织，是世界上会员协会最多的国际单项体育组织。发展至今，FIFA已有会员协会206个国家，其总部设在瑞士的苏黎世。

1930年开始的4年一届的世界足球锦标赛是世界上最引人注目的大赛，它是世界上规模最大、影响最广、水平最高的足球比赛。除此之外，还有奥运会足球赛、世界青年足球锦标赛、世界少年足球锦标赛、世界女子足球锦标赛、世界室内足球锦标赛等比赛。

足球运动有如此大的魅力，不仅在于足球运动孕育着丰富的内涵，而且也与足球运动的团结协作特点有关。

集体性。足球比赛每队由11人上场比赛。场上的11人思想统一，行动要一致，攻则全动，守则全防，整体参战的意识要强。只有形成整体的攻守，才能取得比赛的主动权及良好的比赛结果。

宏观性。足球比赛场地大，人数多，如何利用好场地和人数就是胜负的一个关键。双方利用有效的传切、流畅的配合突破层层防线，通过空间上大范围的转移球调动对方以期达到找到漏洞或撕开防线的目的。同时足球联赛中赛季很长，比赛很繁重，合理分配体能，适当轮换球员都是全盘考虑整个赛季的要素。

缜密性。足球运动粗中有细，大块头其实是很有智慧的。个人盘带讲求技术细腻到位，时机得当，有时短短的时间差或几步的距离都可能造成突破、妙传甚至进球！而双方球员不仅在足球上对抗，在心理上都有不断地较量：小动作骚扰，大动作施压造成对方的恐惧，言语上的挑衅激怒别人，关键时刻在高压下处理球（如点球时射手和门将的心态，加时赛时能否保持清醒）都是足球的看点与可咀嚼之处。

竞争性。足球运动是一项竞争激烈的对抗性项目，比赛中双方为争夺控制权，达到将球攻进对方球门，而又不让球进入本方球门的目的，展开短兵相接的争斗，尤其是在两个罚球区附近时间、空间的争夺更是异常凶猛，扣人心弦。一场高水平的比赛，双方因争夺和冲撞倒地次数多达200次以上，可见对抗之激烈。

复杂性。足球运动是一项技术上多彩多姿、战术上变幻莫测、胜负结局难以预测的非周期性运动项目，比赛中运用技巧、战术时要受对方直接的干扰、限制和抵抗。技巧、战术依临场中具体情况而灵活机动地加以运用和发挥。

简易性。足球竞赛规则比较简单，器材设备要求也不高。一般性足球比赛的时间、参赛人数、场地和器材也不受严格限制，因而是全民健身中一项十分易于开展的群众性的体育运动项目。

国际足球联合会世界杯比赛，简称世界杯足球赛（旧译世界足球锦标赛），是由国际足球联合会统一领导和组织的世界性的足球比赛。每届比赛从预赛到决赛前后历时3个年头，参加预选赛的国家已近100个。它是世界上规模最大、影响最大、水平最高的足球比赛，也是世界上观众最多的体育比赛项目。2001年10月7日，中国男子足球队在世界杯预选赛中提前获得小组第一，以6胜1平1负的战绩首次跻身世界杯决赛圈。

细说篮球中的团结协作

篮球运动是由美国马萨诸塞州斯普林菲尔德尔市基督教青年会干部训练学校教师詹姆士·奈·史密斯博士于1891年发明的。

经过一个较短时期的传播，篮球运动便从学校走向社会，由美国传向国外。1896年前后由天津中华基督教青年会传入中国。至1940年，篮球运动伴随着美国的文化、宗教等的扩张，通过基督教青年会组织以及教师、留学生间的交往，先后向世界各地传播推广。伴随着篮球活动的游戏性、健身性和娱乐性等特性，篮球竞赛应运而生并逐渐完善。1908年美国制定了全国统一的篮球规则并用多种语言出版，发行全世界，这样，篮球运动逐渐传遍美洲、欧洲和亚洲，成为世界性运动项目。

篮球场主要位置角色分工与合作介绍：

控球后卫是篮球场上拿球机会最多的一个人。他要把球从后场安全地带到前场，再把球传给其他队友，这才有让其他人得分的机会。一个合格的控球后卫必须要能够在只有一个人防守他的情况下，毫无问题地将球带过半场。然后，他还要有很好的传球能力，能够在大多数时间里，将球传到球应该到的地方：有时候是一个可以投篮的空当，有时候是一个更好的导球位置。简单地说，他要让球流动得顺畅，他要能将球传到最容易得分的地方。再更进一步地说，他还要组织本队的进攻，让队友的进攻更为流畅。

对于控球后卫，还有一些其他的要求。在得分方面，控球队员往往是队上最后一个得分者，也就是说除非其他队友都没有好机会出手，否则他是不轻易投篮的。或者以另一个角度说，他本身有颇强的得分能力，而以其得分能力破坏对方的防守，来替队友制造机会。总而言之，控球后卫有一个不变的原则：当场上有任何队友的机会比他好时，他一定将球交给机会更好的队友。

得分后卫自然以得分为主要任务。他在场上是仅次于小前锋的第二得分手，但是他不需要练就像小前锋通常的单打身手，因为他通常是由队友帮他找出空当后投篮的。不过也就因为如此，他的外线准投与稳定性要非常好。

得分后卫通常要做两件事，第一是有很好的空当来投外线，所以他的外线准头和稳定性一定要好，要不然队友千辛万苦找出个好机会，却又投不进去的话，对全队的士气和信心打击颇大。第二则是要在小小的缝隙中找出空当来投外线，因此他出手的速度要快。一个好的得分后卫总不能企望每次都有这么好的空当，应该能在很短的时间内找机会出手，而命中率也要有一定的水准，如此的话，才能让敌方的防守有所顾忌，必须拉开防守圈，而更利于队友在禁区内的攻势。

小前锋是球队中最重要的得分者。对小前锋最根本的要求就是要能得分，而且是较远距离的得分。小前锋一接到球，第一个想到的就是要如何把球往篮框里塞。他可能会抓篮板，但并不必要；他可能很会传球，但也不必要；他可能弹跳很好，但仍不必要；他可能防守极佳，但还是不必要。小前锋的基本工作，就是得分、得分、再得分。

小前锋乃是对命中率要求最低的一个位置，一般而言只要四成五就算得上合格，而四成以上都可以接受。当然这有一个前提，就是他要能得分。假如一个小前锋每场球得个七、八分，命中率还只有四成的话，那还不如叫他去坐板凳算了。话说回来，为什么小前锋的命中率可以比较低呢？因为他是队上主要得分者，他通常要积极找机会投篮，要在某些时刻稳定军心，甚或以较困难的方式单打对手来提升士气，乃至于给对手下马威，给予敌方迎头痛击等。所以小前锋会有较多的机会出手，而且可能是不太好的机会，因此我们可以容许他的命中率稍低，只要他能得分的话。

大前锋的任务可以说是做苦力，要抢篮板、防守、卡位都少不了他，但是要投篮、得分，他却通常是最后一个。因此说，大前锋可以算是篮球场上最不起眼的角色了。

大前锋的首要任务就是抓篮板球。大前锋通常都是队上篮板抢得最多的人，他在禁区卡位，与中锋配合，往往要挑起全队的篮板重任。而在进攻时，他又常常帮队友挡人，然后在队友出手后设法挤进去抓篮板，做第二波的进攻。

大前锋一般出手较少，投篮的位置又很靠近篮筐，对其投篮的命中率要求也较高。以场上 5 个位置来说，大前锋应该是命中率最高的一位，不错的大前锋应该达到五成五以上。不过由于得分不是他的强项，因此他的得分可以不多，但是篮板就一定要抓得多。另外，防守时的“盖火锅能力”自然也是大前锋所必备的，因为他要巩固禁区，防守当然重要。其实说穿了，大前锋就是要做好两件事：篮板和防守。

中锋顾名思义就是一个球队的中心人物。他多数的时间是要待在禁区里卖劳力、卖身材的，他在攻在守，都是球队的枢纽，故名之为中锋。

中锋要做哪些工作呢？首先，篮板球是绝对的。再来，禁区又是各队的兵家必争之地，当然不能让对手轻易攻到这里面来，因此阻攻、“盖火锅”的能力也少不得。而在进攻时，中锋通常有机会站在靠近罚球线的禁区内（此乃整个进攻场的中心位置）接球，此时他也应具备不错的导球能力，将球往较适当的角落送出。以上 3 项，是中锋应具备的基础技能。而在球队中，中锋也通常身负得分之责，他是主要的内线得分者，与小前锋里外对应。因为他要能单打，因此在命中率上的要求可以低些，但他出手的位置又往往较接近篮筐，因此命中率又应该高些，大致来说，五成二可以作为一个标准。对中锋命中率的要求，是仅次于大前锋的。

作为好的中锋，还需要多才多艺。在进攻方面，中锋在接近篮筐的位置要有单打的能力，他要能背对着篮筐做单打动作，转身投篮是最通常的一项，而跳勾、勾射则是更难防守的得分方式。防守上，要称为一个好的中锋，那除了守好自己该看的球员之外，适时帮忙队友的防守是必需的。简单地说，若敌方的球员晃过了队友的防守而往篮下进来，中锋便要有一夫当关之勇，守住己方的禁区。当然，不是说每回都能滴水不漏，但总是要有“能帮忙”的能力，若一个中锋只能守住自己防守的人，那是不够的(除非对方是超强的进攻中锋)。

中锋有一种特别情况，也就是外线中锋。他与正常中锋的差别在于，他的进攻主要是跑到外面去投外线，而少做禁区单打的工作。由于中锋的个头高，其他矮个子根本守不住，因此到外线投篮可以把对方的中锋引出来，故其在前锋较强时也相当管用，而在防守时，他就与一般中锋无异，照样防守对方中锋，照样地抓篮板。

作为受到热捧的体育运动，国际上的重大篮球竞赛活动除奥林匹克运动会篮球赛和世界篮球锦标赛以外，还有传统性的欧洲、亚洲、非洲、南美洲、中美洲、欧美运动会等地区性的篮球赛，以及世界大学生、中学生运动会篮球赛，世界俱乐部篮球锦标赛等。奥运会篮球比赛历届参加的办法不断变更，到1980年的第22届奥运会时，规定为12个国家参加，产生这12个国家的办法是：上届奥运会篮球赛前3名；欧洲预选赛和美洲预选赛的前3名；亚洲、非洲和大洋洲各1名。分两组进行两个阶段的比赛决定名次。每四年举办一次，设男子比赛和女子比赛。世界篮球锦标赛男子从1950年开始，女子从1953年开始，男、女比赛分别举行。每届比赛间隔时间不定，一般是4年一届，历届世界男篮锦标赛的参加办法不完全相同，到1978年第8届时，参加办法是：上届奥运会篮球赛前3名，上届锦标赛前3名，欧、美、亚、非、大洋洲锦标赛冠军队和主办国，被邀请国（按规程规定，主办国可邀请1~2个国家的球队参加比赛)，共14个队分3组进行预赛，各取前两名，加上上届冠军和本届主办国队，共8个队采用单循环制决赛。

南非世界杯开幕彰显团结

2010年6月11日，南非约翰内斯堡足球城体育场，在特色喇叭瓦瓦祖拉震耳欲聋的“轰鸣”中，在飞行表演的缕缕彩烟中，第19届世界杯足球赛激情开幕。

这是世界杯首次走入广袤无垠的非洲大草原，这是始于1930年的世界杯走入第80个年头。

3分钟，2分钟，1分钟……14时10分，世界杯开幕式拉开序幕，大屏幕上一位身着白衣如仙子般的黑人小女孩奔跑着，带出了非洲大草原的原始风貌、现代化的高速铁路……一个古老与现代并存、城市与原野共生的南非呈现在人们面前。“历史性的时刻已经到来，非洲同胞们，今天，我们改写了历史，因为，我们将世界杯带到了非洲大陆，世界同胞们团聚在非洲大陆……”一首名为《呼唤》的诗用班图语念出，展示着世界杯超越种族、国家、民族的特质，表现出非洲人迎接首届世界杯的欣喜。

场中央，身着艳丽服装的舞者们翩翩起舞，他们排成九列，代表着南非承办世界杯的9个城市；他们载歌载舞，表达着代表友谊和好客的文化的民族自豪感。

大甲虫推着足球走来了，这只在非洲象征无所畏惧、超越障碍的昆虫似乎在展示着非洲人民一往无前的民族精神和在世界杯上的孜孜追求——非洲就在你我中间，非洲是一个团结的大洲——象征生命和力量的猴面包树代表了此次参加世界杯的6个非洲国家：阿尔及利亚、喀麦隆、科特迪瓦、加纳、尼日利亚和南非。

伴随着著名歌手凯利演唱的世界杯主题曲《胜利之兆》，《团结的世界》板块徐徐拉开，176个国际足联会员协会旗帜依次进场，32面巨幅参赛球队队旗则被环抱其中，它们的名字被依次念出，将在一个月的时间内向象征世界足坛最高荣誉的大力神杯发起冲击。

40分钟的开幕式上无人宣布世界杯开幕，或许，这是南非人民刻意的安排；或许，足球才是这个舞台上永恒的主题，球员才是这个舞台上真正的主人。

2010 年 6 月 11 日，铭记这个日子，南非与墨西哥的对决将揭开世界杯的战幕；7 月 11 日，大力神杯将会拥有新的主人。

一堂团结协作的体育课

某校组织了“家长开放周”活动，邀请家长来参观教学，其中有 3 节课的时间是安排的体育课。接到任务的体育老师一直想着怎样给孩子上一节什么形式的课恰当。最后脑子里终于想到利用体育表现团结协作精神。

现在的孩子大都是独生子女，在家里有父母疼着，爷爷奶奶宠着，个个是小皇帝、小公主，一副唯我独尊的气势，经常不知道关心别人，更不知道如何与别人合作。

体育课程标准的总目标提出：培养学生良好的心理品质，表现出人际交往的能力和合作精神。

体育老师于是想：何不借助这次活动的机会在体育课上培养孩子的团结合作意识呢？同时也可让家长从旁观察自家的孩子在这样的体育活动中合作意识的体现，并在家庭生活中进一步有意识地引导孩子学会帮助、学会合作，提早为孩子的社会适应能力做好准备。

“今天的上课内容是双脚跳，通过各种游戏，我们要比一比，哪些小朋友最会关心同伴、帮助同伴、与同伴友好地合作，老师就把大拇指送给他(她)!”

上课内容刚宣布完毕，孩子们摩拳擦掌，跃跃欲试，个个喊道“好!”慢跑游戏开始了，为了让孩子们真实体验什么是团结合作，老师在慢跑活动中设计了“开火车跑”，按照学生的四路纵队的上课队形，然后讲解了开火车的方法与要求：

1、让每组的学生把双手搭在前面一个小朋友的肩膀上，每组的排头就是火车头，“四列火车”分别在操场上“开”起来，途中不能“相撞”、“车厢”不能脱节；

2、红灯代表停止向前开（停止跑步）、绿灯代表继续往前开（继续跑步）、黄灯是减慢开火车的速度（由跑变成走）。并宣布：看看哪组火车开得又稳又快！

随着老师一声“绿灯”，孩子们的肢体语言伴随着阵阵欢笑声在操场上弥漫开来，只见“苹果队”的火车在小组长的带领下迅速开了起来，可是好景不长，由于火车头跑得太快，后面的车厢全散了架（孩子们的双手都从前一个同伴的肩膀上滑落了下来）。

于是老师赶紧一声“黄灯”，孩子们立刻做出减速的动作，由排头开始放慢跑速，由跑变成了走。

“火车开得稳不稳，要靠车头安全地带，如果开得太快，车厢的零件不牢靠，就会引起车厢脱节，造成安全事故，大家说对不对？”随着老师的问话，孩子们响亮地回答道：“对！”

“那我们应该怎么办呢？”

“手要抓紧！”

“火车头开慢一点！”

“要团结一心，喊口令节拍控制节奏！”……

孩子们争先恐后地说着各种方法。

“好”！‘绿灯’再次亮了起来，四列火车平稳地开了起来，而老师的大拇指不时地送给每一个小组的成员们，他们的表现不仅感染了师生，也打动了在旁观课的家长们，掌声不由自主地从家长们的手掌间爆发出来……

由此可见：体育课不仅要增进学生的身体健康，而且要增进学生的心理健康和社会适应能力，促使学生身心健康全面发展。而体育活动对于提高学生的心理健康水平和社会能力具有重要的促进作用，这是由体育活动本身的心理特征和社会特性所决定的。例如：学生在“开火车”的游戏中既学会了交往与合作，又表现出相互竞争的意识。因此，在体育教学中，应通过有效的体育教学实践来促进学生心理素质和社会适应能力的提高。

团队合作是获胜的关键

2008年8月19日，在奥运会女篮四分之一决赛中，中国队以77：62战胜白俄罗斯，成功晋级四强。赛后，中国队员苗立杰接受了采访。

在谈论到战胜白俄罗斯队的关键时，苗立杰说："团队合作精神是获胜的关键。我们团结一致，为祖国而战。"

在比赛中，中国女篮暴露出在篮板球方面不如白俄罗斯队："我们体力不如欧洲球员。"

而中国女篮进入半决赛后，将有很大可能对阵澳大利亚队。对此，苗立杰表示："看比赛进程了。结果并不重要。输赢都无所谓。中国篮球队的精神是打不垮的。"

在提及到在奥运会比赛中的收获时，苗立杰说："在此次奥运会的篮球比赛中，我们有很多机会与欧美球队交锋。从她们身上我们学到了很多。把亚洲球队和欧洲球队的风格结合起来时，我们可以形成自己的中国风格。"苗立杰很自信。

国足走向世界唯有团结

中国国家男子足球队，简称国足，始创于1924年，在1931年加入国际足球联合会（FIFA），1958年退出，并在1979年重新加入。从1976年起，中国队连续9次参加亚洲杯足球赛，并于1984年和2004年两度打进决赛，不过都饮恨而归。他们在世界杯上的第一次亮相是2002年韩日世界杯，但是输掉了全部三场比赛且失九球无入球，仅因沙特阿拉伯国家足球队于另一小组输掉了全部三场比赛且失12球不入球，从而免于在32强中垫底。

中国队长期以来一直在争取在亚洲地区获得锦标，虽然在亚洲杯、亚运会等亚洲级别的赛事中取得过不错的成绩，但是在世界杯亚洲区预选赛中仅出线过一次。最近一次中国队参加的大赛是2010年世界杯亚洲区20强外围赛，结果未能小组出线。

2010年2月10日，在东亚足球锦标赛上，中国3：0完胜韩国，打破32年逢韩不胜的魔咒。并在2月14日战胜中国香港，获得本次比赛冠军。

2010年6月4日，好消息再次传来，中国男足凭借邓卓翔的直接任意球破门战胜前世界冠军法国，比赛结束后，队长杜威接受采访，说出了目前这支中国男足的强大所在——团结。

杜威认为：“这场比赛大家的表现都很好，场上非常积极，贯彻了高指导的思想，自然我们打得非常好。”

记者：“比赛前，一些声音都在说中国队要控制场上的动作，这是否会影响我们队员的发挥？”

杜威：“确实，我在媒体上看到一些消息，不过足球比赛，拼抢是很正常的，大家都拼抢，这才是足球比赛的魅力所在，这场球不管是场面还是结果，都是很好的回报。”

记者：“战术方面我们今天有什么特别的安排？”

杜威：“首先就是把防守做好，确实法国队的攻击能力很强，阿内尔卡、戈武、亨利，这些都是耳熟能详的名字，但比赛场上我们不惧怕他们，比赛都是11个人上场，我们11个人都踢得很好，所以这是我们今天打好比赛的关键。”

记者：“这支国家队究竟有什么特别之处，能够上次战胜韩国，这次战胜法国？”

杜威：“这支球队非常团结，不管队伍失误还是处在困难中，大家都相互鼓励，这是以前国家队所欠缺的。这场比赛的胜利能让我们看到自己的能力，增强信心，这支队伍没有大牌球员，每个队员都必须把自己放在队伍中，大家来到国家队都非常开心，不像在以前的国家队会有很大的压力。我现在作为年龄大的球员，这也是感受很深的地方。”

惊险的协作：空中飞人

如果你去看马戏或者杂技的话，那被誉为空中芭蕾的《空中飞人》节目中，演员高难度的高空飞跃，一定会让你和全场其他观众一样目瞪口呆、叹为观止。

空中飞人表演花样很多，有单人、双人和多人。这项高空高危的表演，对演员们的要求十分严格，他们必须从小开始接受常年的严格训练，具有极强的身体自我控制力，同时还要与同伴一起配合默契，并在演出时克服天气、时间、场地、道具等诸多影响表演因素的重重困难。由于危险性极大，每次演出前，都要对环境设施进行极其严格的检查，并反复彩排，以防意外发生。这是对演员自我能力和团结协作的能力的高难挑战，国际上规定表演时必须身系保险绳，然而仍然不免有悲剧发生。

2009 年 12 月，莫斯科尼库林马戏团表演“空中飞人”节目的一对青年杂技演员——亚历山大·沃尔科夫和他的妻子尤利娅·沃尔科娃 9 日在排练节目时坠地受伤。

9 日晚沃尔科夫夫妇排练“空中飞人”节目时都没有系保险绳。据马戏团工作人员介绍，尤利娅在做一个高难度动作时失手，从 6 米高空摔到地上，亚历山大也同时坠落，压在尤利娅身上。夫妻俩立即被送往医院，医生 10 日清晨为尤利娅做了腿部手术，但由于她颅骨受伤，处于昏迷状态，医生同时初步诊断她颈椎骨折。亚历山大脚部骨折，无生命危险。

亚历山大和尤利娅 2007 年进入尼库林马戏团，同年获得莫斯科国际青年马戏节大奖。尼库林马戏团位于莫斯科市中心花园林阴道，成立于 1880 年，以俄罗斯著名小丑、喜剧演员尤里·尼库林的名字命名，是世界著名的马戏团之一。

不难看出，空中飞人是比较特殊的职业，青少年朋友接触的机会是很少的，但是作为一名观众，当你欣赏那惊心动魄的表演时，不要忘记了这背后的团结协作的高难挑战。

羽毛球双打的协作技巧

打羽毛球双打是一个很好的团结协作的运动。相信大多数人一开始的目的很简单，就是出出汗，活动下筋骨，找个不受日晒雨淋的场所锻炼下身体。

后来我们慢慢发现这项运动战术丰富，对抗激烈，竞技性强，娱乐性高，不仅能锻炼身体，提高技术，还能培养坚忍不拔的意志品质，精诚合作的团队精神，积极向上的人生态度，简直有百利而无一害。

双打技巧和短时间提高技术，应特别注意以下几点：

1、双打节奏高，技术上对平抽快打的要求很高，尽量不起球是基本原则，特别对于网前队员的速度、反应要求很高。注意平时训练提高节奏。

2、双打是两个人的合作，既然是合作，则搭档相对固定，是双打技术提高的前提，频繁变更搭档的双打，对提高双打质量是最大的障碍，应尽量避免。

3、理念比技术更重要。双打的时候，对方场地空当较小，拉开突击很难实现，要造成得分，往往不是一拍两拍能够达成的。因此，双打讲究“优势”和“扩大优势”，两个人必须不断地制造优势，并在取得优势之后连续扩大优势！这是配合的主要目的！如果大家的理念不一致，经常造成好不容易取得的优势因为队友一拍的理念错误全部消失，这样不仅对取胜没有帮助，还会极大地打击积极性，造成心理弱势。

4、注意选择重量84克以下的球拍，业余选手如果使用过重的球拍，在双打中对速度和节奏的影响非常之大。为了保持高节奏，在短距离内能够做出动作，应选择相对中等偏轻的球拍。虽然牺牲一定的进攻力度，但可以得到较高的节奏提升。

5、握拍的时候尽量朝前握，基本应该握在球拍柄的前端。这样也是可以提高挥拍速度和节奏的。特别是网前队员必须如此。

6、双打进攻的精髓就是连续性，一旦从发接发或者防守中获取了主动后，第一板先杀下去再说，不管是顺时针还是逆时针的轮转换位，己方的两个人马上变成前后站位，后场下压，前场封网，前赴后继，步步追杀，不要给对手喘息之机，同时注意落点和节奏的变化，杀追身，杀空档，杀移动，杀结合部，忽吊网前，突放后场，这就要求配对的双方合作紧密，心有灵犀，心往一处想，劲往一处使。双打高手组合，除了他们特点互补，防守严密外，最有特色的就是他们的进攻，只要找到机会形成下压或者平抽，他们并不指望一招制敌，而是配合默契连续不断地一拍快过一拍，一拍刁过一拍地轮流进攻，把一点点的优势慢慢扩大，直到最后一锤定音。

综上所述，双打比单打有乐趣，主要是技战术可能更多，变化更强，技巧决定胜负的可能性更大。优先练习以上5点，会对双打的快速提高有很大帮助。

体育是培养团结协作的有效途径

西方人曾经一度把中国人称为“一盘散沙”。可见合作意识是整个国民素质中较为淡薄的一种意识。尤其是现在的学生大多是独生子女，备受家人的宠爱，习惯以“我”为中心，唯“我”独尊。常以放大镜看别人的缺点，视自己的优点，这是他们走向社会、走向成功的主要障碍之一。

但合作意识具有一定特殊性，它是一种实践性的能力，一般很难通过讲座或讨论的形式得到培养。它需要通过某种活动，通过人与人交往的过程，通过共同完成任务和对各种结果的经历，以及共同承担的关系去培养，体育教学就是培养合作意识的有效途径，因此学会和他人相处、配合乃至合作，是现阶段学校教育、教学工作需要解决的首要问题。

“合作学习”是培育21世纪学生的一种重要学习方式，它是在教师的主导下，群体研讨、协作交流、知识技能互补的一种学习方式。

研究表明，团结与合作、沟通与交流，有助于儿童智力的发展。儿童的智力发展必须建立在其原有的实践经验之上，而与同伴的合作及交流则是给他提供补充这些实践经验的一个途径。新课程积极倡导“自主、合作、探究”的学习方式，充分体现出了新课程以人为本的教育理念，也是新课程在学习方式上有别于传统教学观的最明显的特征之一。

我国小学体育与健康的大纲和课程标准中曾经明确提出：“体育与健康课的教学以育人为宗旨，发展学生的个性，培养学生的主体精神和积极主动、活泼愉快、团结合作、遵守纪律、勇敢顽强以及不怕挫折等健康的心理素质，以及在课堂教学中进行爱国主义、社会主义和集体荣誉感的教育。”

体育课是教授学生体育知识及如何进行身体锻炼的课堂，在教学活动中多以群体练习方式进行教学，因此体育课堂是培养学生合作精神的最好场所。

通过广播操培养合作精神

体育课的教学内容基本可以分为队列广播操、主教材、辅助教材等几个方面。广播操在课堂活动中，可以通过以下几个环节进行学生合作精神的培养。

1. 通过队列编排练习培养学生的合作精神

队列练习包括：稍息、立正、向右看齐、向前看和报数等练习，这些都是培养学生正确身体姿态必修的入门，小学生的第一堂体育课肯定是队列练习。这也正是培养学生合作精神的必要场所。

在练习中，学生如不注意整体协调，想出就出、想站就站、想快就快、想慢就慢，那么肯定会不成样子，根本体现不出集体的意识，也无法表现团结协作。

因此教师在进行练习时，可以这样要求：“大家做动作时要时刻想着集体，按照口令注意整体配合，做到步调一致、精神抖擞。如果一个人的动作错了，就会影响到整个班级的容貌、精神。”通过这一明确要求，不仅能培养学生遵章守纪的自觉性，而且能进一步增强学生的集体主义荣誉感，使学生做到动作整齐一致；同时又达到了体育课的要求。从而使学生自觉地配合好，也使学生有一个严而有度的良好上课氛围。

2. 在广播体操练习中可以培养学生的合作精神

广播体操属于群体性练习方式，是一种最基本的体育练习。因此在广播体操练习过程中也可以运用合作的方法进行体育教学。

如：广播体操中的一个项目叫做“双人操”，这个动作就是培养学生合作精神的好方法。“双人操”顾名思义是由两个人共同完成的动作。所以需要通过两个人协调配合才能够很好地完成。但是如果在做“双人操”时，学生做动作不互相配合或配合不好，做出的动作肯定达不到练习的效果，所以需要学生集中精神，密切配合。

因此教师在做操前可以向学生提示动作重点、难点或提出要求，如：注意协调配合，注意协调用力，注意整体效果等提示语言。经过提示后，学生做动作时肯定会有意识地注意自己同其他人的相互配合，既增进了同学之间的友谊，也达到了体育教学的目的。

接力跑中的合作精神

光凭游戏培养学生合作精神还是不够的，接力跑练习也是培养学生的合作意识的体育项目。

接力跑是田径运动中唯一的集体项目。以队为单位，每队 4 人，每人跑相同距离。其起源有多种说法，有的认为起源于古代奥运会祭祀仪式中的火炬传递，有的认为与非洲盛行的“搬运木料”或“搬运水坛”游戏有关，也有的认为是从传递信件文书的邮驿演变而来。

在群众性体育活动或者一般体育练习中，还有不同形式的接力跑，如：不同距离的团体接力，各种形式的迎面接力、异程接力等。

接力跑练习的教学目的就是培养学生准确地传接棒的精神以及培养学生互相配合的集体协作意识，它是由多人参加并完成的体育项目，练习过程需要学生相互配合，因此合作显得尤为重要。

例如在练习过程中，如果学生精神不集中肯定会造成接棒不够准确或者掉棒现象，那么在练习或比赛过程中肯定不会很好地完成任务，也就取得不了好成绩。因此只有通过大家团结合作、积极进取，才能很好地完成练习或比赛，从而使学生认识到团结就是力量。

技巧项目的合作精神

体育教学中，还可以在技巧练习中培养学生的合作精神。技巧项目是发展学生协调灵敏的体育项目，一般认为是个人项目，不过如果教育得当，在练习时也是可以培养学生的合作精神的。

举例：在技巧项目“肩肘倒立”动作练习是一个比较难做的动作。通常，有的同学因为腰部或者胳膊没有力量，往往在练习时不易做好或者是根本就形不成倒立的动作。在这时通过小组团结合作练习的方式就能很容易地把这个问题解决掉。

例如，在练习时可以把学生分成两人的小组，让学生互助练习。一人做动作，一人站在体操垫旁边进行保护、帮助。在垫上练习的同学向上举腿的一瞬间，小伙伴在旁边提一下他的踝关节，地下的同学借力迅速叉腰、收臂，经过一连串的动作后，底下的同学就会很容易地使身体形成倒立动作。

学生完成了这些技巧性的动作，可以获得一定的成就感和自豪感，同时也明白了他人对自己成功的意义，从而明白团结协作的重要性。

充分利用体育主教材

通过体育主教材，体育教师可以充分培养学生团结合作的精神和意识。

1、通过主教材的游戏练习来培养学生的合作精神

在所有体育项目中，游戏项目是学生最喜爱的内容，因此在各种不同

类型的游戏教学中培养学生的合作精神无疑是最好的方式。

如一年级的游戏中最通常的“老鹰捉小鸡”，这个游戏可以培养学生团结互助、集体合作的意识。体育教师在教学前应详细讲解游戏规则及方法，并且提出注意事项等等，鼓励学生团结互助、集体合作。

于是，团结协作的精神通过老师的讲解，学生经过思考体会，在游戏中再加以运用。在进行游戏时，学生肯定会互相帮助、互相保护。

为了增加互动，老师可以在游戏过程中亲自扮演“老鹰”，由学生来充当“小鸡”，在游戏过程中教师一边追逐“小鸡”，一边有意识地指挥学生如何团结起来进行对抗或躲闪。这样也可以使学生在游戏过程中体会到集体合作的力量，从而增强了学生的集体观念。

另外还有“美化校园”这个游戏，游戏的过程是让学生分成几个小组，每组持相同数目的小垫子在指定区域内摆出各种图案。这个游戏教学的目的是使学生们通过运用集体智慧、团结合作最终完成任务。

在这个游戏的过程中，不仅要求学生动作快、配合好，而且要求图案设计的新颖美观。因此，只有大家集思广益、积极合作，通过集体的智慧和力量才能够取得最后的优胜。

善用体育辅助教材

体育教材中，还有不少辅助教材和辅助体育项目，在选用和辅助教材中，也可以培养学生合作精神。

体育课的选用教材通常包括球类、武术、韵律舞蹈等项目，这些内容在课上也是培养学生合作精神的较好手段。

武术作为中华民族传统体育项目，深受学生的喜爱。在课上就可以利用学生这种心理进行教学。

一般教学时，教师先把动作教完，然后让同学分组互助练习。一人表演动作，一人在旁边指出缺点，通过两人交流后，学生练习起来肯定会比较容易，从而取得事半功倍的效果。

在集体串联套路动作时可以提示注意整齐、注意整体、整体划一、心中多想一想集体等词语，都能较好的调动学生的积极性，使他们积极主动地完成合作练习。

球类项目是集体运动的好项目，团结协作的理念尤为突出，也是培养学生合作意识的必要手段。只有学生在练习时较好地和别人配合，才能完成运球、传球、投篮、射门等一系列动作。

例如，在篮球比赛中，如果一个同学传球不到位，肯定会造成整体进攻不利或是对自己一方防守造成失误。这时绝对不是埋怨别人的时候，而是积极拼抢把球夺回来的时候，因而只有相互配合才可以取得最后的成功。

当然，体育教学是灵活多样的，还应注意把这些意识迁移到其他教育教学领域之中去，多为学生创造个性发展空间，教育学生要敢于竞争、善于合作，使自身的心理更健全、人格更完善、素质更全面，更好地适应时代发展的需要。

体育中的合作学习

在体育教学中，开展体育活动，比如足球、篮球运动不仅能锻炼学生的身体素质，而且培养他们的合作意识。合作学习是国家教委新《课标》环境下的重要学习方式，在过去的体育教学过程中，也体现出了很多的合作学习方式，但往往是为合作而合作，流于形式的较多，其真正价值并没有得以发掘和体现。

对合作技能及其运用，学生合作精神的培养与人格塑造等方面，在新《课标》中，都提出了明确的要求，并作为教学的一个重要的目标和追求。对于体育教师来讲，不仅是一个教学方式问题，而是上升到育人的问题，学生不只是在身体方面得到发展，而是从品质培养上来理解教学过程的意义，这也是一种价值观的改变。

作为重要教学形式之一，合作学习在足球教学实践中要充分调动学生的积极性、主动性参与学习，尊重学生的学习选择，使学生更好地学习探索和掌握知识。

合作学习的学习过程蕴含了“知识、身心和社会”三个维度的活动，与“健康第一”的指导思想是一致的。一方面，学生在合作体中讨论交流，有不同的观点的交锋、补充、修正与探索，加深每个学生对当前问题的理解、动作技能的掌握，这对学生身心发展具有积极的影响；另一方面，在组成与合作的过程中，学生需要掌握和运用一定的交际手段来与人合作，这是对学生与人相处能力的很好训练，从社会维度发展了学生的适应性。

合作学习的过程同时也应当是学生自我教育的过程，是学会交流、交际、与人相处的过程。学会共同生活，学会与人相处，也是21世纪人才所要具备的重要素质之一。

由于中国几十年来“独生子女”政策的特殊国情，学生以我为中心、强调自我已经形成一个普遍现象。在此情况下，学会共同生活，学会与人相处就显得尤为重要。

因此，在合作学习的教学环境之下，既交友，也是交流，有合作规则的约束，也有自主的探索，相互激励和影响，对发展学生的合作意识、团队精神与民主精神、个人责任感以及人格的形成都具有重要意义，也是终身教育和终身体育的重要源泉。

足球教学中合作能力的培养

培养青少年团结合作的方式很多，比如，通过在足球教学中的实践，可以使学生相互团结信任。如果不实践，体育中的合作价值就难以体现。如果学生不具备一定的合作能力，合作将难以维持。

在体育教学实践中发现的常见合作难的问题有：学生在合作中经常有合作不顺，合作解体，或难以与他人合作相处，或合作组不和，组与组之间争吵，导致合作失败，或者表面是一个合作小组，而实际互不关心、貌合神离等现象。

那么学生是否真的缺乏合作的意识呢？在学生的问卷调查中，57%的学生希望在体育活动中与人合作，30%的学生不知怎样与人合作，这说明不是学生缺乏合作的意愿，而是学生缺乏合作方法与技能。因此，对学生合作能力的培养是体现合作学习价值的重要条件。

如在足球教学实践中，教师首先应当给学生讲解技战术，详细分析技战术的每一个环节和要领，然后让学生进行实践练习。如发现学生有犯规动作，立即予以纠正，并向他们灌输规则要领，使他们记住，并且在实践中得到应用。

在足球的实际练习中，队员既要注意足球规则又要提高技战术水平是一个方面，但如何将足球规则与技战术水平有机结合起来，这个团结协作的问题才是关键。

比如，在学习“二过一”战术配合教学时，体育教师可以首先给学生讲清“二过一”的战术目的和意图，是为了摆脱对方的防守，尤其是在最后一道防线上，一定要做到快速传接球，不能有丝毫缓慢和迟疑，否则，就可能造成越位。

在集体防守战术上，如何用“越位陷阱”来瓦解对方的攻势，体育老师经常结合教学训练中出现的越位实例，来给学生进行分析、讲解。如果教师不从理论上去及时指导，纠正混淆，就会严重影响技战术水平的提高。学生们就不会相互团结信任。

体育合作意识的培养

合作意识可以概括地说是个人意愿、情感、思维、感觉等过程的心理总和。其中，主体意识、参与意识、情感意识是合作的重要因素。如果合作有意义，个人的行为、成功与荣耀与集体息息相关，个人成功与团体的成功同样重要时，那么，个人就会意识到合作的价值。

明白了合作意识的内涵后，在体育教学实践中，教师主要通过以下3个方面来把握：

1. 强化学生主体意识的能动性。

不可否认，学生是体育学习的主体。首先，“人的主体性首先是指作为活动主体的能动性”，老师在教学中应充分调动学生的能动性。其次，要全面观察分析每个学生，善于发现和开发学生潜在素质的闪光点，给学生创造一个自主发展的空间，使他们的思维个性得到充分自由地发挥，并允许学生在发展程度和素质结构上存在差别。这既是对“人”的尊重，也是社会发展的现实和未来对人才素质的又一特殊要求，让学生感到自我价值与发展。

综上所述，教师在教学中应营造一个良好的学习环境，用丰富多彩的集体活动来发展学生的主体意识，如：在合作体中的探索、创新学习的内容与形式，通过展示感受成功。

2. 重视态度情感意识的驱动性，开发学生潜力。

态度和情感能促使人奋发，调整人的内在动力系统，砥砺内在的学习态度，促进人的成功。所以它是体育教学过程中的评价内容之一。我们应把情感态度作为新教学的重要内容来实施，这是我们培养学生合作意识的重要因素，因为“科学教育不仅使人获得生活和工作所需的知识和技能，更重要的是使人获得科学精神、科学态度、科学思想以及科学方法的熏陶和培养，使人获得非生物本能的智慧，获得非与生俱来的灵魂”。这说明态度情感因素在教学内容中的重要价值。教学中，教师应积极发掘教学中能体现真、善、美的态度情感因素，并作为教学目标和内容的一部分，让学生在学习中得到真、善、美的价值体验。

3. 认识参与意识对学生的积极性。

体育教学如果没有参与，就难以体现教学的本质。“教学的本质是信息交互，是认识交换，是学生的人际交往”。这些都与个体的参与息息相关，在《课标》中把“运动参与”作为重要的学习领域之一，而且它在各个学习领域中的载体作用是不言而喻的。一方面具有参与活动的态度和行为，注重习惯、兴趣和意识的形成；一方面是用科学的方法参与体育活动，强调理性参与。因此，教学中教师应在学生的“参与”上下功夫，让学生积极主动地参与学习，并带动别人参与学习，从而逐步培养学生的合作意识和精神。

体育合作技能技巧的培养

在体育教学实践中，令人困惑的问题是：很多学习小组都出现了合作不顺或者貌合神离、无话可说的状况。关于这个问题，美国青年研究中心对必要的社交技能进行了总结，认为“组成技能、活动技能和交流技能”是合作应具备条件。在体育教学活动中，本身就离不开合作、交流的形式和内容，因此，在培养学生的合作技能技巧上具有独到之处。

1. 如何分组的培养。

在教学中我们也发现，很多的学生面对分组或自由组合时往往不知所措，这样合作的第一步就卡住了。因此，教师应有目的有计划地对学生进行基本的社交性语言的引导和要求，让学生学会沟通。如：“你好，合作愉快”，打招呼互相问候，自我介绍，或微笑、握手、击掌等，创造一个合作氛围，尽快地适应和融入小组，这些常见的语言和动作是组成合作体的重要开端，在体育教学与活动中很容易做到，但又常常被教师和学生所忽略。

2. 如何培养各个小组的活动技能。

一个团体的灵魂和核心是凝聚力，有凝聚力的团体才有生命力，缺乏这一点，合作体就有可能解体，或流于形式。

那么，这种凝聚力是什么呢？它应是小组成员对共同目标的确认和对这个目标的努力和激励。在教学实践中，体育教师应积极参与和激励学生的合作，引导和鼓励学生互相积极评价自己和他人，表达感谢与应答感谢，倾听和尊重他人讲话，“鼓励他人参与及对鼓励参与的应答”，“尊重差异，善于从别人的立场看问题”，对小组成员成功的赞赏，失败的鼓励等。以增强合作体的相互理解和友谊，逐步形成与人相处的技能，这也是体育教学的重要目标之一。

3. 团队交流技能的培养。

交流的主要工具是语言，“交流的过程就是彼此把自己所拥有的提供给对方”，心理学家认为：“语言的第三个职能是交流的职能，即传达知识、态度和感情”。

在教学中，体育老师要让学生在合作体中彼此传达知识、态度和感情，活跃小组活动的气氛，积极提建议与应答，“询问原因和提供原因，有礼貌地表示不赞同与不赞同的应答，或学会说服他人”，“学会微笑与倾听，做会说话的人”等。教师应在语言表达上给予积极地引导，让学生在学习过程中经常运用，形成习惯。

体育教学中的问题和反思

在体育教学实践中，合作只是一个手段，对学生合作精神的教育才是价值所在，合作精神是民主精神、团队精神和力量的表现，是成功的重要条件。有人说“团队精神是学校体育的灵魂”，其实它更是振新中华的力量。

在教学中，一是教师要积极地引导学生的合作，新《课标》的实施并非让教师无所作为，而是大有作为。在教师与学生的合作学习中，教师应积极参与学生的活动，设计与创造合作学习的情境，教师既是教育者，也是合作者，一方面要充分引导和组织学生的学习活动，另一方面又要全身心地与学生合作，做好合作的表率，让学生在合作体中感到自己的成功与小组分不开，小组的成功离不开个人的努力与成功，具有荣辱与共之感。

二是体育老师要把合作精神渗透到整个学校体育中，包括课间操、课外活动、竞赛活动等，这些都应是教学的延伸与验证。学生的自主与合作意识和行为习惯、团队精神、民主精神、科学精神才能在更大的时间和空间范围内得到发展，这也是合作学习的最高目标和终身体育的最终目的。

合作学习是新《课标》下的重要教学方式之一，它与其他教学方式具有不可分割的联系渗透。体育与健康课的合作的形式是丰富多彩的，而培养学生的合作意识与合作能力是合作的前提。因此在体育课堂中，开展体育运动培养他们的合作意识，使学生学会合作、学会与人相处、形成良好的合作精神品质，健康地发展，才是我们育人的宗旨。

同桌之间合作学习指导

同桌学习是一种自然而然的学生合作学习主要形式。在这种合作学习活动中，老师的意识与能力起着十分重要的作用。

某学校一年级（3）班的语文老师上了一堂合作学习的模范课。整个课堂给人以轻松活泼的感觉，充满童趣。该老师上的是识字课，是一篇关于公园的韵文。课上，老师组织学生朗读的方式很多。有齐读、指名读、分组读、分男女生读、开火车读、同桌合作读等等。

其中给人印象最深的是同桌合作读书。当教完全文后，老师让同桌练读，让他们商量好如何合作着读书，然后请同桌两人来读韵文。被请到的有三对同桌，他们有的是间隔读的（你读一个，我读一个），有的是分串读的（你读一串，我读一串），有的是分半读的（你读前两串，我读后两串），同桌都是利用刚才那段练习时间分工好的，效果很好。

同桌合作读书，当站起来朗读时，若同桌一人是成绩好点的，擅长发言的，而另一个是胆小的，平时少说话的，那当他们两人一起合作回答时，好的一个的状态能带动另一个人的情绪，让他也有勇气读好，互相帮助。这跟老师请他单独发言是不一样的，因为同桌两人一直在一起，对彼此都比较了解，很多同桌都是好朋友呢，当被请到一起发言时，孩子们的心里就像有了一种依靠和踏实感，本来胆小少言的人也会有勇气响亮地回答老师的问题了。作为老师在他们两个成功回答完问题后再及时给予热烈的鼓励，那同桌两人心头就更乐了，可增进彼此友谊，培养默契，增加学习兴趣，提高学习积极性。

在指导学生同桌学习的时候，首先，老师要意识到同桌合作学习的必要性与意义所在，允许同桌之间开展合作学习。

同伴互助合作学习的关键在于同桌之间积极互赖关系的建立与个人责任意识的培养，只有这样，才会形成平等互助的同桌关系，才会使不同发展水平、不同个性、不同学习风格的同学在合作学习中共同成长，老师要善于抓住这一关键。

座位安排时要注意同桌之间的搭配，要寻找同学之间的默契，为同桌合作学习奠定基础。在座位安排上关键是要注意学生的差异，尽量使同桌之间具有互补功能，照顾学困生。当然，教师在安排时要先对学生进行思想教育，不要让同桌之间产生“对比心理”，或使同桌之间产生对抗心理。如果能做好这项工作，同桌合作学习就事在功倍了。

其次，在教学中教会同学学会合作学习，是一个艰苦而充满乐趣的过程，需要老师在教学中的智慧与创造。

老师要帮助巩固小组合作学习的一些方法和习惯。比如：学习的步骤、预习的检查、提问及解答等等。同桌合作学习是在小组合作学习的基础上产生的，是小组合作学习的内化，只有引导全体学生掌握小组合作学习的方法，才能更好地进行同桌合作学习。

在小组合作学习的基础上，如何引导学生有效地进行同桌合作学习呢？

1、在同桌合作之前，老师要先讲清要求，这样不仅可以吸引学生的注意力，而且可以让学生知道他们要学会什么、必须掌握什么，能够使学生明确任务，而不会使同桌合作学习没有目的性，达不到效果。

2、示范作用。在进行指导同桌合作学习过程中，我们可以先指导一个小组来进行学习，教给他们学习的方法、提问及解决问题的方法。然后在让全体同学来观察、提意见、总结方法，让这个小组发挥一定的示范作用。

3、引导学生学会如何表达自己的观点和和讨论问题。我们都知道语言表达是人与人交往和互动的基础，也是个人交际能力的重要指标。同桌合作学习也需要向同桌清楚地表达自己的想法，互相了解对方的观点，然后再进行合作学习，一起掌握知识点。教师在教学中要有意识地提供机会让学生多表达自己的观点，发现问题及时指点。

当然，同桌合作学习也存在不足之处，如由于同桌经常进行合作交流，有时会忘了老师的存在，教师在讲课时，同桌会交流自己的私事。不管怎样，这也是一种团结的表现，对于这个问题，只要老师留意，是不成为什么问题的。

小组合作学习指导

在人数比较多的大班级，开展合作学习确实是一件较困难的事，这个时候，适当开展小组合作的学习活动就是最好的方式之一。

在小组中开展合作学习，一般是以前后两对同桌为一组，作为课堂教学中较稳定的合作对象。当老师提出问题需要讨论或提出任务需要完成时，给同学一定的时间，小组合作学习活动便形成了。

在小学三年级的一节科学课“如何让鸡蛋在水中浮起来”的教学中，我们可以进行小组合作学习的观察与研究。

这一节课老师把同学四个人分成一组，共十个小组进行教学。每组的桌子上面放着一盆水、一个鸡蛋、一块小木板、一小杯盐、一小杯糖，还有一块同学最喜欢玩的橡皮泥。

老师走进教室，没有走向讲台，而是站在同学中间略带神秘地提问：

“孩子们，现在注意听两个问题：一是如何使橡皮泥在水中浮起来？二是如何使鸡蛋在水中浮起来？先认真想一想这两个问题应该如何解决，然后再利用我们放在桌子上的所有材料，进行实验尝试，四人一组以合作的方式去解决问题。”

话音刚落，同学们已经开始七嘴八舌地议论起来了，有的同学已经迫不及待地尝试如何将橡皮泥在水中浮起来。

这时，教室里的十个小组变得十分繁忙热闹。有的在小组长的负责下讨论解决问题的方法；有的让同学发表自己的设想，并进行尝试演示；有的小组还因为由谁来操作实验开始争论。总之，这时的课堂里十分活跃，同时也显得有些吵闹和杂乱。同学急切地想探究老师提出问题的心情就表现在他们激烈的争论与主动地参与之中。老师在各小组中走来走去，不时解决同学在活动中产生的新问题或争论，有时还要回答同学提出的各种问题。

对于第一个问题，大多数学生都很快解决了，把成块的橡皮泥捏成薄饼状并把它捏成船的形状，完成了这个实验。然后老师要求同学写小组实验报告，把整个实验的过程与方法写出来，并让小组间进行交流，结果学生们从其他小组中还学到了不同的使橡皮泥浮于水面的方法。

合作学习的高潮在完成第二个任务时出现了。

由于老师有意没有对使鸡蛋浮起来的条件作出限定，所以学生们采用了各自认为有效的方法。有一个小组正在尝试将鸡蛋放在捏好的橡皮泥船上，但是鸡蛋一放在船上，就沉了下去，于是学生们开始讨论，有的建议把船造得再大一点，有的建议把鸡蛋放在木块上等等。在一个小组中，一位学生给大家讲起了他所知道的死海的故事，并建议学生们往水里加盐。可是所有的盐都加进去了，鸡蛋还是浮不起来。

大家开始争论了起来。有一个调皮的同学把糖悄悄地吃了一大半，组长正在批评他，老师正要走过去处理这件事，这时，教室里突然散发出鸡蛋的气味，学生们都开始议论：是谁把鸡蛋打破了？

只见教室里西南角一组的学生们正沉浸在张小东学生的“潜水艇”表演当中。原来是一个学生把鸡蛋的一端悄悄地开了个小洞，把蛋清与蛋黄倒入杯子。他一会儿在空蛋壳中装上水，使它沉入水底，一会儿又将蛋壳中的水排出，使它浮在水面。当刘老师闻见鸡蛋味来到这一组，正在批评该学生时，下课的铃声响了。

在这节课中，小组合作学习的形式是被老师采用了，一些小组合作学习中的规则也被学生们在无意中使用，但透过整节课的过程来看，教学秩序较乱，合作学习的效果也并不理想。在课后的教学反思中，老师一致认为，在小组合作学习中，关键是如何使每一个小组能有组织、有秩序、有效率地完成小组任务，使小组中的每一个成员都积极参与。

从这一点而言，这节课上老师并没有把小组合作学习的要求与方法教给同学，而是凭同学自己的组织能力自发地去完成小组合作学习任务。

在后来的教学过程中，老师们以一个小组的组织与引导为例，探索出有效组织小组活动的一些基本规则与方法，比如，如何确定小组长并发挥小组长的作用，如何对小组成员进行角色分工并使他们各自承担个人责任，如何处理小组活动中出现的意外问题与突发事件，老师在各小组合作学习的过程中如何发挥主导作用等等。而这些规则与方法又通过日常的课堂教学自然而然地教给了同学，使之成为他们学习习惯中的一部分。对此，老师们深有感触地说："以前只听说要教会同学学习的方法，但不知道如何去教，原来就是让同学在学习活动中掌握学习的组织形式与活动方法，培养良好的学习习惯。"

正在探索的全员合作教学

全员合作教学这种教学方式是我国在20世纪90年代发展起来的一种教学论思想，它是在借鉴国内外有关合作教育的基础上，从理论与实践结合上提出的一种创新的教学理论与策略体系，目前正处在实验探索阶段。

合作教学论认为："整个教学系统中的动态因素都是教学活动不可或缺的人力资源，强调所有动态因素之间的互动合作，即师生互动合作、师师互动合作和生生互动合作，由此在课堂信息交流网络上体现出纵横交错的三维立体特征。"

我国研究者也就合作教学的"互动观、目标观、师生观、形式观、情境观、评价观"等进行了较为系统深入的研究，已经受到国内理论与实践界的共同关注，这一教学方式目前正在被广大中小学老师在课堂教学中尝试与探索。

总之，不管哪一种形式的合作学习，透过课堂的研究，我们不难发现，其实质都包括学习方式的形式与学习方式的方法两个方面，只有形式而没有方法或者只有方法而没有形式，都不能称为完整意义上的合作学习。与此同时，凡是合作学习都离不开学习者的积极互助与个人责任这两个关键因素。

团结协作从身边做起

亲子活动，团结协作第一步

俗话说："血浓于水。"骨肉之情、亲子之情本是与生俱来。过去人们生活节奏慢，大部分时间，孩子都跟父母家人在一起，亲子的问题基本上不是什么问题。

"家和万事兴"。古人把齐家作为治国平天下的前提，十分注重家庭关系的协调。家庭成员由血缘与姻缘联系在一起，构成人类最自然的社会关系，有着割不断的亲情。家庭和睦，要求家庭成员在自然亲情的基础之上，互爱、互敬、互助。

中国古代有许多和睦家庭的典型，家庭成员之间长期共同生活产生的相互依恋，源于亲缘关系上滋生的深厚的爱，是家庭和睦的情感基础。春秋时鲁国村妇和三国张范舍子救侄，不仅出自对晚辈的眷护，更渗透着手足同胞之情，这种同胞之爱，已经升华为一种崇高的道义。汉代继母女相互救护、梁代王玄绍兄弟代死等，都是不惜以自己的生命去维护、谱写家庭成员间的爱之情。

从上面这类事例中，我们可以感受到家庭团结中所体现的无私的自我牺牲精神。

汉代郑均劝谏、孔融让梨、庾衮侍病则表现了兄弟间的互敬、关心与爱护。尤其郑均的故事告诉我们，家庭成员间的尊敬并非绝对服从，更包含着对亲长积极的爱护、真诚的关怀。汉代薛包分财、晋代王览护兄，宋代司马光受教，则把家庭亲爱之情灌注到生活的相互照顾、事业的相互帮助上。

总之，和睦家庭不是要求无原则的一团和气，要从根本上协调好家庭关系，必须把亲爱之情化作真诚的关心、爱护与帮助，以私情服从公义。只有这种渗透在互爱、互敬、互助中的骨肉亲情，才能形成家庭成员间的凝聚力，也才能使我们真正享受到不同于其他人际关系的天伦之乐。

遗憾的是，由于现代社会竞争的日趋激烈，年轻的父母大多把大部分精力都用在工作及不断学习、提高中，以至于亲子之间出现了隔膜和代沟。“打架亲兄弟，上阵父子兵”，不知何故，家庭内部的团结协作也出现了问题。

亲子活动，顾名思义，就是由家长和孩子共同参与、相互合作进行的一系列活动。那么亲子活动究竟有何意义呢？

首先，它有利于增进家长和孩子之间的情感交流，促进家庭内部的团结协作。

古希腊某位哲人曾说过：感情是由交流堆积而成的。任何一种感情的升华都有赖于交流。曾几何时，亲子间的接触不再像往日般频繁，与孩子共同游戏的时间更是明显减少。那么为什么不抽个阳光灿烂的周末与您的孩子共同进行一次别开生面的活动呢？它会让您的孩子更爱您，也会让您那颗因工作而疲劳的心得到片刻的安宁，享受真正的天伦之乐！

其次，亲子活动有利于孩子身心的健康成长。

人是一种群体动物，群体的特征之一就是团结协作。团结协作有利孩子的健康成长。现代健康理念已将健康的概念拓宽到生理、心理及社会适应能力三方面，而亲子活动寓教于乐，寓知识于游戏中，同时开发孩子的智力，提高其动手能力、反应力、创造力，使孩子能在德、智、体、美、劳各方面得到全面发展！

第三，亲子活动有利于激发孩子的内在潜能。

不知各位家长是否注意到，当您在参与孩子的活动时，您的孩子往往表现特别出色。其实，每个孩子都有这样一种心理，希望有人看着他，希望自己是亲人视线的焦点。父母鼓励的目光是他们不断进取的动力，也往往能激发他们的内在潜能。每个孩子都希望在父母面前表现一把，让父母为他们骄傲，而这也正是我们开展亲子活动的目的之一。它能使您的孩子更优秀、更上进，最终成为真正的新世纪人才！

亲子活动，家长有责

在幼儿团结协作能力的教育中，教师与家长都是儿童教育的主体，两者的共同目标是促进儿童的发展，相互间是合作伙伴的关系。

可是当前教育的一个重大误区，就是有很多家长因平时工作太忙，没有多少时间去顾及孩子，认为孩子放在幼儿园让老师教育就可以了，对孩子在幼儿园的方方面面都很少过问。在这种情况下，强调亲子活动，家长们的责任重大。

1. 亲子活动中，家长需要建立主人翁意识

以前就常常有家长这样对教师说："老师，你说了算"、"老师，你看可以就行吧"。这类家长完全没有认识到自己的责任和义务，缺乏参与幼儿教育的意识，家长应看到，儿童既是自己的子女，也是国家的未来，自己有责任与教师合作共同培养孩子。开展亲子活动可以让忙碌的家长建立主人翁意识，与教师共同担当教育孩子的责任。

2. 家长要走近幼儿园（学校），了解一些教育理念

亲子活动可以帮助家长了解孩子的情况，走近幼儿园。在活动中教师有针对性的指导可以缩短教师与家长的距离，同时经过观察教师的教育行为和孩子的表现，家长反思自己的家庭教育内容和方法，使家长在活动中获得正确的育儿观念和育儿方法，并将观念和方法融入到与孩子相处的每一刻，逐步了解培养、教育孩子的重要性，从而最终实现孩子的健康和谐发展。

3. 充分认识亲子关系的意义，促进亲子关系的健康发展

家庭中的亲子关系将对孩子终身发展产生重大影响。亲子关系直接影响孩子的心理发展、态度行为、价值观念及未来成就，但由于现代社会中，家长的压力较大，被自身的一些问题所缠绕，就会产生情绪不稳定，对孩子的态度较急躁，导致亲子关系比较紧张，缺乏应有的和谐、愉悦。

还有些家庭，几个大人围着一个小孩，对孩子过分的溺爱，这种亲子关系也是不正常的。孩子完全以自我为中心，完全不知道与家人团结协作的意义，将来离开家庭进入社会，适应社会、融入集体将成为一个难题。

由此可见，在孩子的成长过程中，健康的亲子关系是多么重要，开展丰富多彩的亲子活动不仅有益于亲子之间的情感交流，促使亲子关系健康发展，同时对幼儿本身的发展也具有重要的促进和影响作用。

4. 家长要与幼儿、教师之间搭起一座沟通的桥梁

开展亲子活动满足了幼儿依恋父母的情感需要和家长希望了解孩子在集体生活中一些情况的愿望，同时是进一步密切教师与家长的关系，实行家园同步教育的好形式。有些家长为了很好地培养孩子，不让孩子输在起跑线上，经常去学习、吸取好的教育知识和育儿经验，都成了半个育儿专家，通过开展这样的亲子活动，家长之间可相互交流，相互学习，共同探讨“育儿经”。

孝与养之间的团结协作

亲子之情是人类的天性。父母给了我们生命和最无私的爱。为了哺育我们成长，父母呕心沥血。孝敬父母就是强调子女对父母的赡养、尊敬与爱戴。古人把它看得很重，它是每一个做子女的人应该遵循的行为规范，也是一切道德的基础。

父母养育子女，子女孝敬父母，子女再养育孙子……这是一个延续性的团结协作过程。古人有句话叫做“乌鸦有反哺之恩，羊羔有跪乳之德”，意思是：小羊一边吃着母亲的奶，一边跪着表达自己的孝敬之意，而小乌鸦长大后也知道叼食来赡养老乌鸦，说的就是家庭亲子关系中互相协作的精神和感恩精神。面对父母的养育，我们现在可能还没有能力回报，所以我们的回报是孝敬。

三国时陆绩在席上看见桔子，首先想到的不是自己，而是要给母亲带几个吃；明代归钺受继母虐待，但父亲去世后仍独力赡养继母；清代吴氏兄弟争养老父；杨成章、朱寿命、刘祺历尽艰辛寻找父母，都不仅仅是供给父母衣食，而是灌注着深深的敬爱之情。当父母身处危难之时，子女奋力解救，更体现出孝敬之心。三国时司马芝面对强盗，为使母亲免遭毒手，舍生忘死。清代高裔则是通过刻苦学习来救赎父亲。

特别值得注意的是，在中国古代有不少女子也像男子一样，以自己勇敢的行为解救父母的危难，这在歧视妇女的封建时代显得尤其可贵。缇萦上书救父，花木兰替父从军，几千年来被人们广为传颂。

花木兰从军整整12年，她作战十分勇敢，屡立战功，受到人们的爱戴，可谁也没有想到在自己身边与自己并肩作战的这位勇敢的战士，竟会是一个裙钗女子。直到很久以后，花木兰女扮男装的事迹才逐渐传开，人们惊叹不已，不仅佩服她的胆识和勇气，也为她替父从军的孝心所感动。以后，人们怀着敬仰的心情广泛地传颂着她的故事，她也一直受到我国人民的崇敬。

孝道的确是非常重要的一个品质，不过应当指出的是，封建孝道中也有许多落后、愚昧的因素，例如中国唐宋以后，封建统治者就大肆宣扬“天下无不是的父母”，“父要子亡，子不得不亡”的愚孝，这不仅是一种腐朽的封建观念，而且是从早期儒家肯定的“事父母几谏”（对父母的错误也要好心地提出规劝）的倒退。因此我们在继承和弘扬中华民族的传统美德的时候，应当注意去其糟粕，取其精华。

与邻为善、与人为善

邻里是人们居家生活中比屋相连、守望相助的小型自然群体，它对人的成长特别是青少年的成长有着重要的熏陶作用。

因此，古人不仅注意择邻，还非常重视搞好邻里关系，认为“远亲不如近邻”，讲究与邻为善，亲善邻里。处理邻里人际关系时，提倡互敬、互爱、互助的道德要求。

书中古人在这方面的典型，他们大致可以分为四类：亲善邻里，首先要以仁爱之心对待邻居，搞好团结。晋代朱冲、明代杨翥处理邻里矛盾时不是针锋相对、寸土必争，而是以自己的忍让、大度化解冲突，感化对方，从而达到团结的目的。第二类表现了邻里间相互帮助的美德。清代解善人在家乡遭受自然灾害时，拿出自己的钱财救济贫困的乡邻；酒店老板接济穷书生王筱岚，鼓励他积极进取，使他从颓废中振作起来，终于获得成功；北宋于令仪捉住被生活所迫偶尔“行窃”的邻居之子，没有惩戒或送官，而是在对他进行严肃教育的同时予以慷慨的帮助，把他从堕落的边缘拉了回来。第三类是帮助孤寡。中国自古有“老吾老以及人之老”的美德，唐代著名诗人杜甫善待邻居老妪，当得知自己的亲戚不再给老人提供方便时，便对他进行劝说，使老人生活有靠。清初张姓青年奉养邻居孤寡老妇，多年如一日，视之为自己的母亲。第四类则是当邻居有危难时挺身而出的事例。明代王玉涧暗自出资为邻居送聘礼，成其好事；晋代刘敏元在邻居老翁被强盗捉住时，不顾自己的生命危险，舍己救人。这些事例至今读来仍然十分感人。

总之，亲善邻里是人际关系团结友爱的重要内容之一，它所体现的是相互关心、相互爱护、相互帮助的精神。今天，我们在进行精神文明建设的过程中，更应注意搞好邻里关系，从而为我们的生活造就一个和谐的生活环境，形成良好的社会道德风尚。

下面我们就来看看两位与邻为善、与人为善的千古佳话。

故事1：

清朝康熙年间，安徽桐城有个才子，叫张英。他中了进士后，深受皇帝赏识，官越做越大，直至会殿大学士兼礼部尚书。

张英在京城做了高官，桐城老家的人便一个个神气起来。这一年，张家打算扩大府第，便在邻居身上打主意，要邻居让出三尺宽的地面，以便张家修葺院墙。

这家邻居也是桐城的一大户——叶府。叶府主任是与张英同朝供职的叶侍郎。叶府对张府侵占府宅的要求，根本不买账。张家的人见叶府寸土不让，便撺掇张夫人写了一封信，派人送到京城。家里人以为，张英是“张宰相”，声势赫赫，官比叶侍郎大得多，只要张英和叶侍郎说一说，问题就可以解决了。

张英看了信后，对家里倚官仗势，欺凌乡里的不端行为，十分不满，深感忧虑。于是张英便写了一首回复老夫人的诗：“千里家书只为墙，让他三尺又何妨？万里长城今犹在，不见当年秦始皇！”

张夫人看完了这首诗，对自己的心胸狭隘感到十分惭愧，同时也十分赞赏张英宽厚行为，于是立即派家丁把自家的院墙主动拆了，然后退后三尺，重新建了一道墙。

叶府的人听说张府派人进京，正感到焦急不安，忽然看见张府让地三尺，十分困惑。派人一打听，才知道是张英的主意。叶府连忙把情况禀告了叶侍郎。叶侍郎听了之后也很感动。同时，叶侍郎家里的人也把自家的院墙后移，让出三尺。这样一来，张、叶两家院墙之间就空出了六尺的地段，形成了一条巷道、两家人为了争三尺地界，大有一触即发之势。张英的一首诗，化干戈为玉帛，两家也因此结成了通家之谊。这事在桐城和京城中传了开来，人人都称赞不已，都夸张英待人宽厚，在与人的交往中有“雅量”。

故事2：

杜甫（公元712~770年）是唐代伟大的现实主义诗人，他对劳动人民的疾苦总是倾注着深切的关怀和同情。陕北民歌“唐朝诗圣有杜甫，能知百姓苦中苦”，充分反映了杜甫与人民的心连心的血肉关系。

唐代安史之乱的爆发，打破了杜甫的平静生活，把他从社会上层卷人社会底层。杜甫晚年漂泊西南，过着流浪的生活。公元766年，杜甫来到四川夔州（州府名，在今四川奉节），在瀼西筑草堂居住，草堂四周修竹茂林环绕，环境清静。特别是草堂前的几株枣树，到了秋天，树上挂满了红枣，显得格外夺目。

草堂西边不远处，住着一位邻居。她无儿无女，家徒四壁，没有任何财产，房子已是破烂不堪，是一位孤苦伶仃的老妇人。平时以糠菜聊以充饥；秋天，枣子成熟的时候，她常到杜甫的草堂前来打枣，以枣充饥。杜甫知道这位老人的家境和身世后，对她十分同情，树上的枣任其扑打，从不干涉。有时为了打消她的顾虑，还对她表现得格外亲切友善。

第二年，杜甫从草堂搬到了几里路远的东屯居住，把草堂借给一个从忠州（州名，辖今四川忠县、丰都、垫江、石柱等县）来的姓吴的亲戚住。这位吴姓亲戚搬到草堂后，为了居住方便，在草堂周围稀稀疏疏地插上了一圈篱笆。老妇人误认为草堂新主人不准她打枣子了，就跑到杜甫那里哭诉她的苦处。杜甫听了很是震惊，他知道如果姓吴的亲戚真的不准老妇人打枣的话，这无异于断了老妇人的一条生路。老妇人走了之后，杜甫心潮澎湃，挥毫写一首诗，这就是著名的七律诗《又呈吴郎》：

杜甫草堂

堂前扑枣任西邻，无食无儿一妇人。

不为贫困宁有此？只缘恐惧转须亲。

即防远客强多事，便插疏篱却甚真。

已诉征求贫到骨，正思戎马泪沾巾！

这首诗的大意是：堂前枣熟的时候，我任凭西边的邻居来扑打枣子，因为我知道这位邻居是一个没有衣食，没有儿女依靠的老太婆啊。如果不是生活贫困的话，她怎么会这样做呢？所以，每当她来打枣看到我而有些恐惧时，我反而对她更加显得可亲，以消除她的顾虑。现在，你一搬来，那老太婆就担心你这位远方来的客人会不允许她打枣子，可是你既然插起了篱笆，也就使无心变成了有意了。她向我哭诉，由于官家的横征暴敛，她穷得已是剩下一把老骨头了。每当我想起战争还没有停息，我不禁又是泪流不止啊！

诗中抒发了杜甫关心人民疾苦的炽热情怀。吴郎看了这首诗，为杜甫的真挚感情所感动，像杜甫一样对待老妇人，并拆除周围篱笆，消除了她的疑虑。

如何与邻居友好相处

在我国有句俗话叫“远亲不如近邻”。现在，随着人们生活水平的提高，人们纷纷从平房搬进了楼房，邻里之间的距离也越来越远。然而，不管我们居住在哪里，还是应该和邻居保持好关系。其实，大家住在一起，都希望处理好邻里关系，相安无事。可仍有不少人家事与愿违，经常为一点小事，或为共用厨房、公用厕所，或为孩子打架等产生纠纷，甚至反目。而凡是与邻居保持良好关系的家庭，大都比较讲究邻居礼仪。

邻居礼仪有许多讲究，最基本的礼仪有以下两点：

(1) 彼此尊重。一栋楼或一个院子里，住着各种各样的人。但不论从事什么工作，无论职位高低，每个人在人格上和法律面前都是平等的。因此，大家应彼此尊重，见面时互相问候，至少应点头致意。邻里之间同居一处，容易了解各家的生活习性。但千万不要打听人家的隐私，更不要东家长、西家短，或捕风捉影，搬弄是非，以免邻里之间产生矛盾和纠纷。

(2) 互相关照。住户之间为邻居，生活在一个共同的空间之中。大家应讲究社会公德，注意维护环境卫生，合理使用院内天井和楼道空间。公用电灯坏了，立刻买新灯泡换上；楼梯脏了，及时打扫干净。做一些事情或娱乐时，要为邻居着想。例如，不要在隔壁邻居午休时，往墙上敲敲打打；晚上听歌曲或音乐，不要把音响的声音开得太大，以免影响邻居的生活和休息。

邻里之间要相互关照，有事互相帮忙，而不要以邻为壑，“老死不相往来”。见邻居换液化气罐，不妨搭把手帮忙抬上楼。当邻居家夫妻吵嘴、打架，闹得不可开交时，作为关系不错的邻居，不要袖手旁观，更不能火上浇油，而应当酌情劝架，积极做调解工作。

同志为朋，同道为友

孔子说：“有朋自远方来，不亦说乎！”朋友是对生活有重要影响的人际关系。古人认为，同志为朋，同道为友，十分注重“择友”。“以德交友”，就是以德为标准选择朋友，以德去建立友谊、维持友谊、发展友谊，而反对酒肉朋友、利害之交、钱财之交、势利之交。因此，以德交友是团结友爱的基本原则。健康的团结友爱绝非无原则的一团和气或哥们义气，而是建立在远大志向、高尚情操基础上的相互理解、相互关心、相互帮助。

团结协作是在共同抱负、情操基础上建立的友谊。春秋时管仲和鲍叔牙之交，俞伯牙和钟子期的友谊，自古以来就被视为知己与知音的典型。这里的“知己”并非一般的了解，而是在共同抱负与追求上的深层次的理解；“知音”也并非只听得懂高深的音乐，而是在高尚境界的相互理解的基础上产生的情感的共鸣。

人们常用“知音”一词形容朋友之间的深情厚谊，说起“知音”一词的来历，还有一段脍炙人口的故事呢。

春秋时期，有位著名的琴师姓俞名瑞（生卒年不详），字伯牙。他曾拜当时的大琴师成连先生学琴，学了三年，没有多大的长进。后来，他随成连先生游东海蓬莱山，听到大海汹涌澎湃的涛声，群鸟欢唱悲凄的叫声，对音乐的悟性大开，就操起琴弹奏起来，从此琴艺大长，享誉各诸侯国。遗憾的是，他的琴艺越高，就越难碰上知首。

伯牙抚琴图

伯牙本是楚国人，却在晋国做官，担任上大夫。他奉晋王的命令出使楚国，完成使命后，他辞谢楚王，从水路返回晋国，以饱览故国江山胜景，了却那刻骨铭心的故国之思。船到汉阳江口，已是傍晚时分，这天正是八月十五日中秋节，突然狂风巨浪，大雨倾盆，行船受阻，便把船停靠在汉阳江口的山崖之下。不久，风停浪静，天空明朗，一轮圆月高挂天空。雨后的月亮越发显得明净迷人，远山播撒着一层银光，江面上波光粼粼，空气清新，沁人肺腑。这美景，怎不令人心旷神怡呢？

伯牙一时琴兴大发，急命书童焚香摆琴，坐下来调好弦，专心致志地弹奏起来。弹奏间，一抬头，他猛然发现山崖之上有一个人，一动不动地站在那儿，他心里一惊，手指稍一用力，一根琴弦“啪”的一声断了。

伯牙心里正在疑惑，突然那人大声说：“先生不要疑心，我是打柴的人，因打柴下山晚了，遇上大雨，在山岩上避雨，听到先生弹琴，琴艺绝妙，不由得驻足听琴。”

伯牙心想：他是一个樵夫，怎么能听懂我弹的琴呢？于是就和他攀谈起来：“你既然能听琴，那么请说说，我刚才弹的是什么曲子呢？”

那人笑着说：“先生刚才弹的曲子是‘孔子赞叹弟子颜回’的琴曲，弹完第三句的曲子时，可惜琴弦突然断了。”

伯牙听了大喜，想不到这荒山野岭之中，居然有人能听懂他弹琴，便邀请那樵夫上船细谈。那樵夫走上船来，伯牙借着月光看那人，果然是樵夫装束，身材魁梧，举止气度不凡。伯牙给他让座，那樵夫一眼看见伯牙的琴，审视一番，说：“先生这琴可不是一把普通的琴啊!”

伯牙问道：“难道你还知道这把琴的来历?!”那樵夫说：“这是瑶琴，传说是伏羲氏所造。”伯牙又是一惊，心想，这樵夫肯定不是一般的人。那樵夫接着说这瑶琴当年是如何截取上等梧桐木料精心制作而成的，最初只有五根弦，后来周文王添了一根弦，称之文弦，周武王又加一根弦，称之武弦，共七根弦，所以叫做文武七弦琴。又讲到瑶琴有什么优点，在什么情况下不弹琴，怎样才能弹好它等等，对瑶琴的一切都了如指掌。

伯牙心中不仅佩服那樵夫的知识广博，更是觉得惊奇。但是，转而又想，也许他是凭记忆得来的学问，何不弹奏几曲给他听听，考他一考。

主意已定，伯牙边与那樵夫交谈，边把琴弦续好，请那樵夫辨识所弹的曲调。伯牙说话虽然不露声色，但心里已暗暗确定了弹奏的内容，这次不弹现成的曲子，而是按自己随意所想，用琴把所想的情境表现出来。

他沉思了一会儿，手起时，琴声雄伟、高亢、激越，使那樵夫产生了共鸣，情不自禁地赞叹道：“好啊！挺拔巍峨，气势磅礴，先生把高山的雄峻表现得太深刻了。”

伯牙不露声色，凝思一会儿，又弹奏起来。这次完全是另一种风格的曲调了，那樵夫不禁又赞叹道：“好啊！弹得太好了，低似涓涓细流，亢如波涛汹涌，浩浩荡荡，幽回九转，先生把潺潺流水述说得太形象了。”

伯牙大惊，那樵夫竟然两次都把自己所想所弹的说得丝毫不差。这时，伯牙才想起问对方尊姓大名，那樵夫名叫钟子期（生卒年不详），伯牙也报了自己姓名。伯牙弹琴那么长时间了，走过的地方也不少，还没遇到过像钟子期这样知音的人，钟子期久居乡里，更没有碰到过技艺像伯牙这样高明的琴师。两人都大有相见恨晚之感。伯牙吩咐仆人上茶斟酒，两人边饮边谈，当即结拜为兄弟，并约定第二年的中秋节在汉阳江口相会。两人一直谈到天亮，挥泪而别。

第二年中秋节，伯牙按约定日期赶到汉阳江口。可是，等了好长时间，始终不见钟子期出现。与去年相同的一天夜晚，同一个地点，同样的月光，就是没有知音钟子期了！伯牙触景生情，心急如焚，便弹琴来召唤钟子期，那思念知音的琴声在夜空中飘荡，传向远方，可是，钟子期还是踪影全无。伯牙躺在床上，辗转反侧，怎么也睡不着，好不容易等到天边发白。伯牙急忙起床，梳洗之后，背上瑶琴就向钟子期居住的集贤村走去。

当他走到一个十字路口，正不知该走哪条路的时候，一位满头白发，面容憔悴，一手拄拐杖，一手提着竹篮的老人走了过来。伯牙赶快上前施礼，打听集贤村的钟子期，并说自己是他的朋友俞伯牙。

老人听了俞伯牙的话，老泪纵横，竟然痛哭起来。俞伯牙感到蹊跷，不知所措，只听到那老人说："我就是子期的父亲。自从你们分手后，子期因劳累过度，积劳成疾，已不幸离开人世。他曾经告诉过我，去年的八月十五中秋节晚上曾经和先生在江边相会，并约定今年八月十五中秋节再见面叙旧。他临死前留下遗言，死后把他埋在江边，能听先生弹琴。"

伯牙听了老人的述说，悲痛不已。在老人的引导下，他来到江边子期的坟前。眼望江面，去年八月十五的情境又历历在目。可是，事过境迁，自己唯一的知音——钟子期已长眠地下了，怎能不令人伤感呢？

伯牙架起瑶琴，席地而坐，弹奏起来。琴声哀怨，如泣如诉，充满了伯牙对子期深深的怀念之情和对子期逝去的悲伤之痛，但是，这些，谁人又能理解呢？曾经有过，那就是子期。可是，现在唯一的知音已经离开了人世，今后自己还弹琴给谁听呢？琴声戛然而止，只见伯牙悲伤至极，他挑断琴弦，举起那珍贵的瑶琴，猛然砸在石块上，瑶琴被砸得粉碎。

为了纪念这两位"知音"的友谊，后人在汉阳的龟山脚下，月湖侧畔，筑起了一座古琴台。伯牙和子期见面时所弹的曲调"高山流水"也就成了友谊的象征，"知音"一词便成了亲密朋友的同义语。应当指出的是，这个故事所说的"知音"绝不能简单地理解为能听懂乐曲，而是表现了钟、俞之间基于共同志趣、情操的相互理解，这才是"知音"的实质。

树立共同理想，团结奋进

朋友之间的团结有一类可以称之为革命友谊，章太炎和邹容、谭嗣同和唐才常都是近代民主革命的志士，他们团结合作的纽带，是为中华民族振兴、反对封建专制、建立近代民主主义的献身精神。

今天，我们要讲团结友爱，更不能搞无原则的一团和气，而应该坚持以德交友，真正在志同道合的基础上建立友谊，互相理解、互相关心、互相帮助。只有这种友谊才牢不可破，才是高尚的友谊。

章太炎与邹容都是中国近代史上著名的革命志士，他们虽然相差16岁，却在革命斗争中结下了兄弟般的情谊，他们在革命期间的团结合作，至今为世人所传颂。

章太炎（1869～1936年），是中国近代民主革命家、思想家，名炳麟，号太炎，浙江余杭县人。1897年与汪康年、梁启超、夏曾佑等人一起创办《时务报》，宣传民主思想。因参加维新运动，受到清政府的通缉，于1989年辗转台湾逃亡日本，1902年与蔡元培先生创办上海爱国学社，1903年初发表了著名的《驳康有为论革命书》，走上了民主革命的道路。

邹容（1885～1905年），中国近代民主革命烈士，原名绍陶，字蔚乙，四川巴县人。1902年留学日本，参加留日学生爱国运动，1903年春回国，在上海爱国学社写成《革命军》一书，宣传革命是“天演之公例（社会发展的必然规律）”，号召推翻腐朽的清朝统治，建立中华共和国。

章太炎与邹容就是在上海爱国学社相识的。两人都立志革命，志趣相同，很谈得来。邹容写好《革命军》一书后，送给章太炎看，并请他作序，这时，章太炎已发表《驳康有为论革命书》，与邹容的《革命军》的观点很是投合。章太炎看了《革命军》之后，拍案叫好，欣然接受了邹容的请求，为《革命军》作序，并帮助他于1903年5月在上海大同书局出版。章太炎又把邹容的书推荐给当时的革命报纸《苏报》，5月14日，《苏报》发表《读<革命军>》文，阐述《革命军》一书的观点。从此，两人的友谊更是深笃。章太炎当时35岁，邹容19岁，两人相约结为兄弟之谊，成了“忘年交”，立志为革命事业携手奋斗。

章太炎

《革命军》一书出版，《苏报》又发表文章加以宣传，使邹容和他的《革命军》一书影响日增。清政府非常恐慌，下令查禁《革命军》，又勾结上海帝国主义租界当局，查封了《苏报》，通缉章太炎、邹容以及《苏报》负责人陈范、爱国学社负责人蔡元培。这就是著名的“苏报案”。陈蔡二人逃到国外，章太炎被捕。邹容因当时不在家，得到通报后，隐蔽在虹口的一个英国传教士家里。

1903年6月30日，反清斗士、革命家章太炎被捕，关在上海英国的巡捕房里，罪名是他为邹容的《革命军》一书写序言，而《革命军》这本书在清政府和英美帝国主义者看来，是一本犯上作乱的书。清政府还要逮捕这书的作者邹容。

这时邹容已在友人帮助下躲起来，但当听说章太炎被捕的消息后，不愿让自己敬重的战友、老师一个人承担责任，他自动到英国巡捕房去坐牢，两人同被关在帝国主义的监狱里。

在这暗无天日的牢狱里，这一对战友、师生受尽了酷刑的摧残、人身的侮辱和苦役的折磨，但他们坚贞不屈，互相支持，互相激励，决心把推翻清王朝统治的斗争进行到底。

一天，章太炎写了一首《狱中赠邹容》的诗，诗是这样写的：

邹容吾小弟，披发上瀛洲（指日本）。

快剪刀除辫，干牛肉作糇（hóu，干粮）。

英雄一入狱，天地亦悲秋。

临命须掺手，乾坤只两头。

最后两句诗的意思是：即使是死的时候，我也要和你携起手来同死；天地间我们两人立志革命，扭转乾坤，挽救祖国的危亡。

这首诗给邹容很大的鼓舞，他也回了一首《狱中答西狩》（西狩即章太炎）的和诗，诗的最后四句是：

一朝沦为狱，何日扫妖氛？

昨夜梦发汝，同兴革命军。

从诗中可以看出，邹容和章太炎一样，反对腐败清政府的意志是多么的坚强。

在监狱里，他们吃的是麦麸饭，粗糙难咽，消化不了，还时常挨打。章太炎说："我们身体都很虚弱，又不能忍受这种凌辱，肯定不能活着出去了。与其被他们凌辱而死，还不如现在以死来抗争，这样，即使死了，也还算有所作为。"邹容表示同意，但章太炎又说："你判二年，我判三年，你又比我年轻，应该活着出去，继续为革命事业去奋斗。"邹容不赞成，抱着章太炎痛哭起来，说："你我兄弟，情同手足，应该同生死，共患难，为了革命事业我们还是应该活下去，要死的话，我们也应该一同赴难，小弟在所不辞。"章太炎为抗议监狱当局的迫害而准备绝食，邹容不同意采取这种斗争方式，更不愿章太炎为救自己而作出这种选择，一直苦言相劝，并悉心照顾已开始绝食的章太炎。后来，在邹容的耐心劝说下，章太炎最后放弃了绝食。

他们入狱一年，同狱的五百人中有160多人病死、饿死或被活活打死，由此可见他们的境况之惨！狱卒对他们的态度也与日粗暴，稍有一些不顺眼，就用棍棒乱打，或施以酷刑。章太炎先因不满狱卒欺凌，被毒打了两次，后又因给狱外写信，又被毒打三次，轻的就无法计算了。邹容也挨了不少打。他们每次挨打时，气愤不已，无法忍受这种迫害，总是以拳还击，或者夺下狱卒手中的棍棒打狱卒，每每这样，他们受到的惩罚就更惨烈。每次发生这样的事后，他们都相互照顾，相互安慰，激励对方坚持斗争。俗话说，不怕死者勇。狱卒知道他们是不怕死的人，也不敢再轻易打他们了。

邹容年少坐狱，狱卒欺侮他小，多次打他，他总是处于激愤之中，吃的又是些麦麸饭，饿得面黄肌瘦，多次拉肚子，于1905年正月就病倒了。他整天整天地发烧，昏昏欲睡，心里烦闷又睡不着，半夜常常自言自语，通宵达旦处于头脑不清醒状态。章太炎很着急，白天黑夜地照顾他。章太炎读过一些医书，知道邹容需吃黄连、阿胶、鸡蛋、黄汤加以调理，才可痊愈。他向监狱长提出自己为邹容治病，不允许；他又提出请医生，还是不允许。这样，邹容于1905年农历2月29日（公历4月3日）半夜，死在狱中，时年21岁。

当天晚上，章太炎照料邹容到深夜，疲惫不已，就模模糊糊地睡着了，待到天亮时，发现邹容已经去世，他悲痛欲绝，抚尸痛哭，悲彻之音，感人泪下。他们为了革命事业相识相知，走到了一起，也是为了革命事业，他们一起坐牢，相伴牢中，结下了深厚的友谊。没想到这位血气方刚、才华横溢、比他小16岁的可爱的年轻人，却先他而去了，他怎能不声泪俱下呢！

一年后，章太炎出狱赴日本。在日本，他成立了光复会，自任会长，后又参加了孙中山先生的中国同盟会；为革命事业战斗不息。无论到哪里，他都没有忘记曾与自己生死与共，为革命事业献出自己年轻生命的邹容。为了怀念和纪念邹容这位为革命事业献身的革命志士，章太炎还先后写了《邹容传》、《赠大将军邹君墓志表》等文章，以此来激励、鞭策自己和同胞，革命到底，忠贞不渝。

团结协作是中华传统美德

团结友爱就是要建立和谐的人际关系，良朋益友的深情厚谊是人际和谐的重要体现。但人生的交际绝不仅仅限于朋友，同学、同事、同志之间的往来，也是重要的人际关系和团结友爱的重要内容。它们与朋友既有联系又有区别，处理这些关系的道德原则与规范，同对友谊的要求有所殊异，也不同于一般社会公德。

团结友爱的原则，要求在与人交往的过程中，待以谦让、宽容的态度。当处理与他人的冲突时，只要不是原则性的对立和根本矛盾，就应当不计个人恩怨，服从大局。中国人历来强调“和为贵”。然而，“和”并非无原则的调和、妥协。对于自己的错误及他人的批评，绝不能文过饰非，心生怨恨；对于同学、同事、同志乃至朋友的过失，一方面不能苛刻非难，另一方面又需进行严肃的批评、诚恳的劝谏，帮助他们认识和改正错误，从而在更高层次上建立和谐的关系。此即所谓“进善贵和”，这也就是今天我们所提倡的“从团结的愿望出发，经过批评与自我批评，达到团结的目的”。这样才能相互帮助，共同进步。

我们应当认识到，团结友爱不仅是人际关系的亲善，还是社会安定，个人进步的重要保证。团结就是力量。团结、和善正是中国人民的传统美德。

学会宽容、以德服人

古人在团结协作方面作出的榜样，有一类团结表现了宽容、和善的美德。汉初萧何、曹参本是出生入死的朋友，后因封赏差异导致曹参对萧何的不满，但萧何临终前仍举荐曹参为相。唐代狄仁杰曾得娄师德极力举荐，但狄仁杰却轻视、排挤他，娄师德并未因此而心生怨恨。

萧何（？～公元前193年），沛县人，西汉初期的政治家，汉朝的第一任宰相，为建立汉朝基业及西汉初期的繁荣立下了不可磨灭的功勋。曹参（？～公元前190年）也是沛县人，他是刘邦打天下时的名将，战功卓著。

起初，萧何和曹参都在秦朝末年的沛县衙门里任小职员，他们不仅是同乡，而且关系十分密切。后来，秦朝日益腐败，秦王的暴政使老百姓怨声载道，陈胜、吴广揭竿而起，发动农民大起义，推翻了秦朝的统治，结束了秦王的暴政，却带来了群雄并起的局面。萧何与曹参跟随刘邦起兵争雄，经过多年的角逐，打败了项羽，统一了天下，奠定了汉代基业。两人合作共事，同心同德，是刘邦的左右手。他们之间的关系也一直很好。

可是，到西汉建立，从汉高祖刘邦封侯拜将时起，萧何和曹参之间的关系就恶化了。先是汉高祖论功行赏，大家都为功劳大小的问题争吵不休，以致这事拖延了一年多还没确定下来。高祖认为萧何的功劳最大最多，因此，力排众议，封萧何为酂（cuó）侯。许多功臣对此都不服气，当然，也包括曹参在内。封侯结束，接下来就是排位次的问题，不少人推荐曹参排

萧 何

第一，高祖觉得在封侯的时候，那些功臣已经有些不服气了，到了排列位次，高祖虽然口头上没有反对他们的意见，但是心里仍然想把萧何排第一。这时，一个叫鄂千秋的人发表了不同意见，认为应该萧何排第一，曹参排第二。高祖便顺水推舟，表示同意，确定萧何排第一。曹参自认为有战功，比萧何功劳多，但封官晋爵时，萧何处处占先，因此，心里对萧何产生了忌恨，总是与萧何对着干，或者采取不合作的态度。两人关系就这样紧张起来。

汉高祖刘邦去世后，汉惠帝即位，萧何仍然担任宰相，惠帝很敬重萧何，处理朝政事事与萧何商量。萧何患重病，汉惠帝亲自去看望萧何。大家心里都很明白，萧何已年迈力衰，弥留世上的日子不长了。萧何本人对此也很清楚。而他的相位继承人问题，是事关汉代兴衰的大事啊！汉惠帝带着这份担忧问萧何，说："你去世后，谁可以代替你担任宰相的重任呢？"萧何说："有谁能像皇上那样知道我的心思呢？"惠帝说："曹参怎么样？"萧何点头说："皇上如能得到曹参的辅佐，我死后就没什么担忧了。"萧何并没有因为个人之间的成见，而埋没了曹参的才能。萧何去世后，曹参成为西汉第二任宰相。

曹参接任宰相后，对所有的规章制度都没作任何更改，一切都按萧何的做法去做，而自己终日在相府中饮酒，无所事事。惠帝以为曹参看不起他，对曹参很有意见。曹参对惠帝说："高祖比陛下贤明，萧何比我能干。高祖和萧何平定了天下，制定的各种法令已经非常完备了。陛下只要垂衣拱手，不必多操心，天下自然而然就太平无事了。我只要一切都遵照萧何的办法去做，就一定会把事情做好的，您说对吗？"惠帝同意了他的看法。曹参做了三年宰相就去世了。后来老百姓编了一首歌谣，歌词的大意是：

萧何制定了法规，严明而又完备。曹参继任宰相，严格遵守，一点也不疏忽。有了他这样宽舒的政策，人民生活安定，没有烦恼。因此，后来就有了“萧规曹随”这个成语。

萧何与曹参虽然存在过矛盾，但萧何始终不计前嫌，举荐曹参，而曹参也不因萧何已死，就否认萧何的功绩，而是公开地承认自己不及萧何，尊重萧何治国的举措。萧、曹两人这种以国家利益为重，不计私怨的品德，在封建时代确实是难能可贵的。

不计私仇、以德报怨

团结协作的有一种是以德报怨。唐代李吉甫曾因陆贽弹劾被贬，陆贽后来又因故被贬为李吉甫的下属，李吉甫捐弃前嫌，礼待陆贽。他们都以自己的宽厚赢得了别人的友谊。

陆贽（754～805年）是唐朝苏州嘉兴（今属浙江）人，字敬兴。唐德宗即位后，任命陆贽为翰林学士，参与制定国家重大政策。公元783年，德宗在奉天躲避来泚（cǐ）之乱，许多诏书都由他起草，并对平定叛乱发挥了重要作用。公元792年被任命为中书侍郎、同平章事（相当宰相）。他勇于指陈弊政，揭露两税法实行后的各种积弊，主张废除两税以外的一切苛捐杂税，直接以布帛为计税标准；还建议在边境积谷存贮粮食，改进防务等等。也就因为如此，他被裴延龄所谗，794年冬被罢免宰相，次年被贬为忠州别驾（官名，辅佐刺史的官员）。

陆贽担任宰相时，赵郡（今河北赵县）人李吉甫担任驾部员外郎，管理全国交通和邮政事业。一次，因工作失职，陆贽参奏皇上，把李吉甫贬谪为明州长史，不久，李吉甫又被提拔为忠州刺史（州郡的最高行政长官，相当于太守）。现在，陆贽被罢免宰相，贬谪为忠州别驾，就成了李吉甫的部下。

初到忠州（州名，唐朝设置，辖今四川忠县、丰都、垫江、石柱等县），陆贽的兄弟、门下都为他的命运担忧。当年，陆贽上奏贬谪李吉甫是秉公办事，但现在陆贽落在李吉甫手里，李吉甫也来个秉“公”办事，公报私仇，那是易如反掌的事。陆贽心里也忐忑不安，虽然他也信奉“心底无私天地宽”的古训，但是，他在官场这么多年，官场中的尔虞我诈，也是很清楚的，李吉甫即使不公然报复自己，就是常常给自己穿穿小鞋，也够自己好受的了。

然而，当听到陆贽已遭贬谪来忠州的消息，李吉甫并没有想到要对陆贽落井下石进行报复。他一向敬重陆贽的才干和为人，陆贽当初对他的处理，他是心悦诚服的，他觉得，如果自己身居陆贽的位置，他也会这么做的。现在，陆贽被人所谗，贬来忠州，肯定心情复杂，对自己怀有戒心，自己作为曾有类似经历的人，更应该体谅他的处境。

李吉甫从陆贽到忠州的第一天起便对他以礼相待，常到他家问寒问暖，为他家解决实际困难，把陆贽当作朋友和德高望重的长者对待，从来不提过去曾经发生过的事情。李吉甫的所作所为使陆贽感到不安，而李吉甫担心的正是陆贽不会信任他。于是，李吉甫每天都寻找机会与陆贽亲近，拉家常，家里有好菜就邀陆贽到家里，两人举杯对饮，谈论忠州政务，并时常请教一些问题，就像平生交往深厚的朋友。

陆贽起初一直对李吉甫心怀疑虑，言行谨慎，后来，时间一长，陆贽便感受并确信了李吉甫对他的诚意，他们之间的心理距离渐渐缩短了，两人建立了深厚的友谊。

当时的人们对李吉甫的博大胸怀无不交口称赞。

不争名利、顾全大局

团结协作中还有一类是不计个人恩怨，服从大局。宋代赵概很佩服欧阳修，后者却经常贬抑他。当欧阳修受诬告时，没人愿意为他申辩，赵概却从大局出发，向皇帝上书陈情。王旦与寇准，也是这样的一对同事。尤其突出的是三国时陆逊受到淳于式的批评，不仅不心生怨恨，而是认真反省，并极力向朝廷举荐淳于式。其中最有名的是战国时赵国将相和的故事，至今仍脍炙人口。蔺相如以大局为重的宽广胸怀，终于感化了廉颇，令其负荆请罪。

廉颇是战国时期赵国的大将军，为赵国南征北战，立下了赫赫战功。

蔺相如原是赵国一个宦官的门客，他有胆有识，有勇有谋，很有辩才。他受赵王的派遣出使秦国，不辱使命，完璧归赵。赵王认为他很有才干，就任命他为上大夫。从此，蔺相如便成了赵国政治舞台上举足轻重的人物，他的聪明才智也因此得到了发挥。当时，战国七雄争霸，秦国尤其强大，又与赵国是邻国。公元前279年，秦王提出约定在渑池与赵王相会。秦王强暴，其用心不可预测。赵王害怕，不愿去，蔺相如力劝赵王赴会。在渑池之会上，蔺相如不畏强秦，智斗秦王，使企图羞辱赵王的秦昭王始终没有占到便宜，维护了赵国的尊严，大煞了秦国的威风。渑池之会后，赵王认为蔺相如的功劳很大，就任命他为上卿，官位在廉颇之上。

老将廉颇对此十分不满，认为蔺相如是一个宦官的门客，地位低下，仅凭舌辩之能就取得这样的高官厚禄。他呢，是赵国的将军，有攻城野战、保卫国家的汗马功劳。现在，蔺相如竟位居他之上，他感到是一种耻辱，他对外扬言："我如果碰上蔺相如，一定要羞辱他一番。"

廉颇的话传到蔺相如那里，蔺相如并没有显得不满，还是和平常一样，不动声色，只不过总是避免碰上廉颇。上朝时，蔺相如总说自己有病，借故呆在家里；出门时，看见廉颇来了，就绕道避着他走。老将廉颇非常得意，认为蔺相如一定是害怕他了。

有一次，蔺相如外出办事，与廉颇相遇。远远地看见廉颇过来，他就赶忙命车夫掉转车子另走他路。这可使他的属下感到很难堪，跟随这样一个胆小怕事的主人，叫他们脸上也无光。这次，他们再也忍受不住了，对蔺相如说："我们之所以离别亲人故友来追随您左右，是仰慕您的才干和胆识。您和廉将军都位居高官，廉将军屡次恶言攻击您，而您像老鼠见了猫似的躲躲藏藏，不敢露面。这种事连普通老百姓也会感到耻辱啊，何况您呢？您能够忍受，我们可容忍不下了，还是请您允许我们走吧！"蔺相如再三挽留他们，平静地对他们说："依你们看来，廉将军与秦王哪个强大呢？”大家异口同声地说：“当然是秦王强大。”蔺相如又说：“以那秦王的权威，我尚且敢在大庭广众之下羞辱他和他的大臣，难道我会怕廉将军吗？强秦一心想吃掉赵国，它之所以不敢对赵国发动战争，还不是因为赵国外有廉将军御敌保国，内有我治理朝政，国力强盛。如果我们两人互相争斗，无论谁输谁赢，受害的还不是赵国吗？大敌当前，我们应当避免矛盾，团结一心，共同防御强秦可能发动的进攻才是啊。我之所以躲避廉将军，避免与他发生冲突，并不是怕他，而是为了国家利益啊！”众人听了蔺相如的一席话，无不为他宽宏大度，顾全大局的胸襟所折服，再也不说“走”了。

蔺相如的话，不久传到廉颇老将军的耳中，他深为震动，觉得自己为了争地位就不顾国家利益，真不应该。于是他脱下战袍，光着上身，背负荆条，亲自到蔺相如府上请罪。蔺相如见廉颇来负荆请罪，连忙出来迎接。老将军诚恳地对蔺相如说：“我太浅薄了，没想到你有如此宽阔的胸怀。”

此后，蔺相如与廉颇捐弃前嫌，终于和好，成为生死与共的好朋友。他们齐心协力，共保赵国江山。有关他们“将相和”的故事，成为世代传颂的佳话。“将相和”的意思就是“将相团结一致”的意思。

集体宿舍中的团结

每一个学校都会有自己学校的宿舍制度，可你是否接受自己学校的制度呢？宿舍作为学生的暂时的住所，可以让同学得到良好的休息。而较好的休息又有利于提高学生的学习效率。另外，在创造良好的宿舍环境时，也可以培养同学互相友爱、相互团结的精神。因此，住宿舍的同学都应该遵守以下几点：

（1）遵章守纪，模范遵守学生宿舍的管理制度，不做学校禁止的行为。

（2）互相尊重，互相关心，团结友爱。自觉遵守宿舍生活秩序，按时就餐、起床；上下床动作轻，拿东西声音要小，上铺翻身要轻，下铺要多给上铺同学方便。有事回来晚了应先说一声“对不起”。

（3）讲究卫生，爱护集体荣誉。平时注意搞好个人卫生，衣服要勤换洗，床铺勤打扫，被褥叠整齐，用具摆放合适。不随便在他人床上坐卧，未经允许，不随便挪动翻看他人物品。

（4）当学校有关人员进入宿舍时，学生应主动起立，问好、让座、热情交谈，当客人告辞时应以礼相送，并说“再见”或“欢迎再来”，回到宿舍后，应轻轻关门。

（5）关心集体，自觉参加值日工作。主动搞好公共卫生，保持宿舍内整洁美观。清理的垃圾及时倒入垃圾通道内，不要堆放在走廊过道处。不在宿舍内吸烟。不往楼下扔杂物，泼污水。

（6）同学之间互相团结，互相帮助，和睦相处，对有困难和生病的同学要多关心照顾，同学间有了小矛盾要互谅互让，严于律己，宽以待人。

（7）在宿舍内不大声喧哗、打闹、跳舞、踢球，放录音机音量适宜，不要影响他人休息。

（8）爱护公共财物，养成节约用水、随手关水龙头、关灯、关门窗的好习惯。不在墙上乱写、乱画、乱钉；不向窗外、走廊泼水、乱扔果皮杂物；不往水池、便池内倒剩菜剩饭。

（9）讲究文明礼貌，以礼待人。当老师、家长或其他客人来访时，应主动向客人问好让座。交谈时声音不要过高，时间也不宜过久，如果被访者不在，应尽快帮助寻找，找不到时应让客人留言事后应及时转告。

最后，为了自己和他人的安全，不在宿舍乱拉电线或者乱用电器，不留外人在宿舍过夜。一个宿舍就是一个小集体，在和其他宿舍成员相处的过程中，要真诚，要相互友爱，要尊重别人的生活习惯，创造良好的生活环境。

正确看待他人、集体和社会

我们每个人都要生活在集体中，每个人都不能离开他人、集体和社会。不管是工作、学习，还是生活，都无时无处不与他人、集体和社会发生这样或那样的联系。青年朋友一定会问，个人为什么离不开他人、集体和社会呢？

朋友们，人类是从劳动中产生的，劳动总是在一定的社会关系中进行的。人类从产生开始，就具有社会性，人是社会的动物。“创造人的是自然界，启迪和教育人的却是社会”。但人又不同于动物，人不但具有自然属性，更重要的是具有社会属性。任何社会都反映了一定集体的利益，也决定了个人的利益。个人利益依赖于一定的集体和社会，集体和社会又是实现个人利益的条件。个人与他人、集体、社会的关系就是这样既对立又统一的。

在原始社会里，我们的祖先使用石器、木棒等简陋的生产工具，在自然灾害频繁、野兽横行的恶劣环境中参加生产，他们经常采取简单的协作形式共同劳动，产品平均分配，这就使他们养成了朴素的集体、群众观念。他们认识到个人与集体、个人与他人是不可分开的，所以在生产、生活、生存过程中竭力维护这种关系。也就是说，人类一出现就体现了社会性、群体性。

随着生产和分工的发展，人类社会出现了阶级。从形式上看，在阶级社会里，人们似乎可以单独地进行生产，但人与人之间的相互交往、相互依赖却更为加强了。比如封建社会自给自足的小农经济，单个的小生产者既要同他人、同农民整个阶级发生联系，还要同封建地主阶级发生被剥削与剥削、被统治与统治的关系。只是在阶级社会中，由于生产资料的私有制，才把人与人之间的关系变成压迫与被压迫的关系。但这并没有改变个人对他人、集体和社会的依赖。就是文艺作品中的鲁滨逊，他能在荒岛上生活下去，也必须充分利用社会原先所给予他的智慧去获取食物、建造简陋的居室和准备逃离荒岛的木舟……他也离不开土人“星期五”。他的社会知识、生产技能、生活本领都来源于社会的启迪和教育。

人类社会发展到今天，文明水平达到今天的高度，个人与他人、集体、社会的联系，在深度和广度上远非前人所比。世界上万事不求人的人是不存在的，任何生活产品都是社会集体劳动和智慧的结晶。就拿穿衣来讲吧，要穿衣，就必须同服务行业（不管是个体还是集体的）、商业部门发生联系；商业部门又要同纺织工业部门发生联系；纺织部门的原材料又来自农民兄弟，又把农民（包括个体的、集体的、国营的）联系起来了；而农民兄弟种棉需要的工具、肥料、科学技术等，又把工业部门、科研部门、教育部门联系起来了……可以说，人们的衣食住行都离不开他人、集体和社会，他人、集体和社会是每个人生存的必要条件。

科学技术同样离不开集体。人类认识世界和改造世界所取得的每一个巨大进步，都靠的是集体的智慧和力量。一个人的发明创造，需要在千百个人失败的基础上出发。科学家的成功，不是只依赖于个人的思想，而必须综合千万人的智慧。大自然所表现出来的智慧形形色色，变化万端，为了赢得它，必须运用集体的知识和联合大家的努力。正如钱学森所说："现代科学技术的研究不能靠一个人的劳动……百分之九十五的科学技术都要靠集体，不能单干，单干没有生命力。当然并不是吃大锅饭，这个关系也是辩证的。"

任何一个人的才智只有在一定的集体和社会中才能充分显示出来。"单独一个人可能灭亡的地方，两个人在一起可能得救"，人们团结在一起可以做出个人所不能做出的任何伟大事业。古往今来，各种有识之士和英雄豪杰，如秦皇、汉武、唐宗、宋祖，都曾有着辉煌的历史功绩，但他们谁也没有离开过他人、集体、社会和时代的力量。时势造就英雄。一个人只有在某个特定的社会中占有时代所需要的地位时，他才能显示出才能，干出大事业。个人好像一滴水、一粒沙，而集体的智慧和力量才能排山倒海。荷花虽好，还须绿叶相衬，这是历史唯物主义的一个重要思想。

青年朋友，当你在社会主义的集体中设计自己的未来，规范自己的人生时，你将同他人、集体和社会一起前进。

要将团结做得更好

青年朋友之间相处，有时会发生一些不团结的现象。有的是因为在学习或交往中互不服气；有的是因为计较个人的利害得失；有的则因为只和自己个性合得来的人在一起，而疏远和排斥他人……所有这些，都会影响彼此之间正常的人际关系，不利于工作和学习，也不利于个人身心健康。

历史上许多仁人志士，为了共同的事业，都懂得团结的重要。在我国古代，赵国的廉颇和蔺相如之间团结的故事是一直被人们传诵的。

人们都羡慕球星，球星在一个球队里的作用可谓大矣！但是如果离开团结的球队，他们又将怎样呢？美国大名鼎鼎的“篮球飞人”率公牛队四夺总决赛冠军。人们都说是“飞人”乔丹创造了公牛队，乔丹却说：“是公牛队队员的团结造就了我。”是啊，离开了篮球队员的团结，球星不仅个人不能发挥作用，而且连队员也不能成为了。

纵观古今中外，任何一个人的成功都离不开集体团结的力量。智勇双全的张良，若不是投靠了刘邦，单靠单枪匹马的行刺，能实现宏图大志吗？离开了笛卡尔的启示和普里斯特等人的共同研究的科技成果，牛顿能提出“牛顿第一定律”吗？

单靠一朵美丽的鲜花，打扮不出美丽的春天，个人只有融入团结的集体，才能实现宏伟目标。

一个国家、一个民族只有精诚团结，才能自立于世界，才能谋求进步和发展。特别是我们这些作为新世纪的接班人的青少年更应该学会团结，这样才能立足社会。继承和发扬中华民族的传统美德，也是我们作为炎黄子孙义不容辞的责任。

自我与忘我之间

董必武同志在 70 寿辰时，写过一首诗，其中两句是：“冲决诸网罗，首要在忘我”。“忘我”是衡量一个人精神世界的重要标志。“心底无私天地宽”。“忘我”才能“无私”，才能待人以诚，助人为乐，先人后己。这也是老一辈无产阶级革命家所给我们的精神财富，成了指导我们行动的一条准则。从当年中越边境自卫还击的战场，到近年汶川地震的灾区，涌现了一大批“忘我”的人。

任如东和王安年两位战士，给一线阵地运送罐头，每个人身上背了 50 斤，在通过“生死线”时，两人同时被敌人的狙击步枪击中，肠子流了出来，如果他俩把背的罐头放下，相互包扎一下，不会有生命危险。但他们首先想到的是阵地上的战友，顾不得包扎，一米米地爬行，爬到猫耳洞口，爬在前面的人努力欠了欠身子，说了一句："我把东西送到了，你们清点一下。"他们就牺牲了。后来战友们看到，他俩爬过的二三十米距离，染满了血迹。

森林大火吞没了西林吉县城。民警孔庆利开着解放牌汽车疏散群众，五次路过家门都没有停车，眼睁睁看到大火把他家一点点烧尽，他仅对人说了一句：我家烧了，不知孩子和妻子怎样。

民警娄德伟在维持秩序时，碰巧看到了妻儿，妻子不让他走，他使劲挣脱了她的手，离开了哭泣的妻子。他发现一个沙坑中央，有一架大彩电正在冒烟，随时有爆炸的危阶，而沙坑四周有三四百人。他大叫一声"快卧倒"，以迅雷不及掩耳的动作，抱起彩电，朝没人的地方跑去，……

公安消防队驾驶员原则，在驾车去扑火的路上，曾见到母亲领着自己的女儿匆匆奔逃，他的车一闪而过。哪里有险情大就往哪里跑。第三天调班休息才去找家人，母亲和女儿（低能儿）找到了，可妻子和才 7 个月的胖儿子被烧死了。他痛哭着说："我不是没有想到你们，我不能来呀……"

类似的例子可以举出许多。尽管他们的事迹各具风采，但有一点则是共同的："忘我"。一事当前，首先想到谁，是很可以看出一个人的理想和道德情操的。试想，那两位受伤的战士，停下来包扎一下伤口，人们会责怪他们么？两位老妈妈不给徐良献血，能说她们"觉悟不高"么？三位民警照顾一下妻子儿女，能说他们"自私"么？当然不能。他们不是没有想到自己的亲人，说不想，那是骗人的鬼话。但他们想得少，想在后；想得多的是战友、是众人。这正是他们先进的地方。《中共中央关于社会主义精神文明建设指导方针的决议》中说："我们社会的先进分子，为了人民的利益和幸福，为了共产主义理想，站在时代潮流前面，奋力开拓，公而忘私，勇于献身，必要时不惜牺牲自己的生命，这种崇高的共产主义道德，应当在全社会认真提倡。"这些普通的战士、妇女、民警，以自己的实际行动，树立了"崇高的共产主义道德"的楷模。

在"待人"问题上，"忘我"是个很高的思想境界。"我"并不是那么容易“忘”的。有时甚至要经历一番磨砺，一番痛苦，从小自觉到自觉。苏联小说《大后方》中，老共产党员瓦尔瓦拉对当选党委书记的女儿安娜·斯捷潘诺夫娜说：“既然选了你，你首先就得把这个‘我’字藏得远一些，做你这种工作，‘我’这个字，像在（俄文）字母表上一样，是最后一个字母。至于‘我们’那就不同了。”这位老布尔什维克的话很发人深省。“我”是客观存在，应该完全溶化在“我们”之中，为事业而存在，为事业而奋斗。这样才可望由“藏我”逐步做到“忘我”。

我们提倡公而忘私、忘我，这是社会主义人际关系的需要。

团结友爱需要互相关心

青年人充满了热情，往往关心别人胜过关心自己。但是，也有人认为关心他人的人是“傻瓜”。

关心他人的人果真是“傻瓜”吗？回答当然是否定的。如实地说，这样的“傻瓜”并不傻，而是真正的聪明人。

这样的“傻瓜”不傻，首先在于他对人类的道德传统能够择善而取，而不是兼收并蓄。在人类的道德园地上，历来是良莠相杂、善恶并存的。然而，道德发展之大势刚是剔莠扶良、抑恶扬善的。这一点，在对人们道德品质评价上表现得尤为突出。

达尔文、华莱士、赖尔、赫胥黎几位科学家的彼此关心、真诚友谊一直在科学界传为美谈。1859 年，达尔文经过三十年的呕心沥血，关于生物进化的理论终于孕育成熟了。正准备发表论文时，突然接到在远方岛屿上考察的朋友华莱士发来的一封信。信中有一篇论文提纲，希望达尔文推荐给当时在英国皇家学会供职的地质学家赖尔，如认为可以，则望发表。达尔文震动了，因为论文的纲目与论点和自己的论文几乎一样，如果这提纲一发表，就意味着自己创立学说的优先权的丧失。在这关键抉择中，达尔文毅然把华莱士的提纲推荐给赖尔，并对其很高的学术价值作了说明，望他帮助发表。赖尔深知达尔文研究多年，很有见地，于是在达尔文没有同意的情况下，把达尔文和华莱士的论文同时公布了。华莱士也不是贪功之辈，当他得知此事时，深为感动，并一再坚持，应以达尔文的名字来给生物进化论命名。对于这种关心他人重于关心自己的美德，人们是敬仰、赞颂的。

相反，在科学界，人们对于窃取他人成果为己有的数学家卡达塔则是嗤之以鼻的。半塔纳和卡达塔都是16世纪意大利的数学家。1534年，半塔纳以惊人的毅力解开了数学三次方程式，并在第二年的数学比赛中获胜。他的朋友卡达塔得知，就要求半塔纳教会他，并保证在半塔纳发表著作前不向外透露。半塔纳慨然相许。但是，卡达塔利欲熏心，竟然食言，在自己的著作中公布了解法，把别人的成果据为己有。半塔纳提出了谴责，卡达塔的学生费拉利出来为他的老师帮腔，于是双方达成协议：以数学比赛的胜负来判是非。但是，由于费拉利年青，当时已发现了四次方程式的解法，半塔纳在比赛中失利，被人辞去大学讲师的职务，落入悲惨的境地，三次方程式的解法被称“卡达塔解法”。不过，写在纸上的名誉却永远抹不去人们心中对自私自利者的鄙视。

仅此二例，足见人们对善恶之向背：关心他人为善，损害他人为恶，抑恶扬善，这就是社会之公论。关心他人的是顺道德发展之大势，怎么能说是“傻瓜”呢？相反，视关心他人为“傻瓜”的人，违背历史规律，倒不是聪明人。

这样的“傻瓜”不傻，还在于他明白一人立世，需要众人帮忙，而要成事，更是需要大家互相关心、互相帮助、互相爱护、团结一致的道理。俗话说：“一个篱笆三个桩，一个好汉三个帮”；“红花虽好还要绿叶扶持”。《水浒传》中的林冲，若不是得到鲁智深的关心，性命早就结果在两个差人之手；武松若不是得到十字坡张青夫妇的关心，恐怕不是被官府抓去就是被其他“江湖好汉”所误伤；至于宋江，并无多大本事，若不是他“仗义疏财”，或者说，若不是众将的扶持，他怎能当上梁山好汉中的“一把手”呢？此为小说，现实生活也是一样。一个人，生病了会得到医生的关心；到商店买东西，会受到服务员的关心；就是自己口中吃的、身上穿的、手上用的，无不是别人“关心”的结果。如果真正是像某些“聪明人”说的那样，“各人自扫门前雪，休管他人瓦上霜”，恐怕世界上任何一个人也难以正常活下去。因此，关心他人的人，符合于立世和成事的要求，顺势而行，怎能说这样的人是“傻瓜”呢？

这样的“傻瓜”不傻，从根本上来说，是因为关心他人符合于人的社会性。个人和他人是比较而言的，和个人相对的“他人”实质上不是一个人，而是由许多“他人”组成的集体、社会。个人和集体、个人和社会相互依赖。人的价值存在于团队、社会之中，离开团队和社会的个人是不存在的，是无法生活的。

“鱼欲异群鱼，舍水跃岸则死；虎欲异群虎，舍山入市即擒”，这是以动物喻人不能离“群”；而“皮之不存，毛将焉附”，更是对个人依赖于集体的很好说明。集体、社会也离不开个人，离开个人的集体、社会也是不存在的。个人与集体、个人与社会的这种客观的辩证关系正确反映在人的道德原则上，就是人要关心他人，要视关心他人为善、为美。《礼记·坊记》中说：“君子贵人而贱己，先人而后己”；狄更斯说：“世界上能为别人减轻负担的都不是庸庸碌碌之徒。”

不做“小集团”中的成员

小集团思想的共同特征是：全体成员都有一种自以为绝对正确的错觉，这会造成过分的乐观主义情绪，并怂恿成员去做出极端的冒险。一旦你企图打破这种“绝对正确”的神话，你就与你所属的“小集团”产生了隔膜。

共同的文过饰非的努力。即使小集团的目标、准则是错误的，小集团的某个成员在不违背“集团”主旨的情况下有严重的道德越轨和人格缺陷，小集团的大多数成员也要竭力为集团和它的成员辩解。如果你试图用鲜明的是非判断标准去衡量集团内部的一切，那么你就将自己不知不觉地置身在了集团之外。

对对手和“敌人”抱一成不变的观点，或是认为他们不值得较量，或是认为他们过于“邪恶”，根本不能与他们达到沟通和和解。如果你试着不这样看你周围的人，你试着向对方的“营垒”伸出友谊之手，那么你很可能要被你所属的小集团驱逐出去。这样你不也达到了脱离的目的了吗？但愿你不要从此一团伙中出走，又卷入另一团伙之中。

对强烈的反对本集团的任何陈规、谬想或破坏性作为的任何成员施加直接的压力，以维持全体成员的忠诚。如果你试着以独立的意识对集团的错误进行批判性思考和分析，那么，你就开始站在了集团的对立面，这对你来说无疑是一次成功的尝试。但你也必须准备冒被打击、被报复的“风险”。只要你经受住了第一次“风险”，你的自我结构的坚强的一面就会迅速发展起来，那么第二次“风险”，第三次“风险”……对你来说就渐渐变得无所谓了。

对背离本集团表面上的一致意见的偏差作自我检查，反映出每个成员倾向于尽量缩小他本人对集团的怀疑和反对意见，从而有一种虚幻的归属感。如果你试图不断地打破你自己对集团的虚幻向往，如果你力求理智和公正，那么你的怀疑点和反对意见将会不断增多。这样的充满了缺憾的“小集团”对你还具有吸引力吗？

有自封的心灵哨兵——这是这样一些成员，他们使本集团听不到相反的情报，而这种相反的情报本来是有可能破除他们对本集团的虚幻意识的。你何不试着做另外的“哨兵”呢？通过你，各种相反的情报源源不绝地涌入集团内部，必然会在小集团大多数成员的心灵中引起波动，离心的倾向将不是单个的和偶然的。这样一来你不是又有可能找到“同盟军”吗！有几个人一致希望摆脱这个集团的牵制，这种局面对你当然是一种难得的鼓舞，它会坚定你的勇气，也会加快你走向“独立”的步伐。

如何培养学生的团结协作精神

首先要加强班集体建设，强化学生团队意识。团队首先是一个集体，学生在校的基本单位是班级。学校要做的不仅仅是让他们坐在一起学习，更重要的是要统一大家的意识，营造一个“家”的氛围，让大家找到“心有灵犀一点通”的感觉。让同学们感觉到自己真正置身于一个彼此尊敬、相互信任、志同道合的家庭似的团体之中。在这里大家都是兄弟姐妹，要相互关心、相互爱护，不能忽视班级中的任何一个人；在这里每一位成员都可以学会包容、欣赏、尊重其他成员的个别差异性，每位成员都能拥有自我发挥的空间。让学生明白，我们的小组、我们的班级、我们的学校就是我们的团队，我们都是这个团体中一员，我们都要为这一团体而奋斗。使所有成员产生团结感，树立共同目标，共创未来。还要培养学生整体配合的协作精神，树立团队集体主义观念。当你融入某个团体，你就是这个团体的一分子，你的言行代表了团体，影响着整个团体。在班级和团队中，无论你多么优秀，你都必须有团队合作的能力，自己需要得到他人的帮助，要想得到别人的帮助，自己就必须先主动帮助别人。

其次要开展各项集体活动，让学生在活动时间体验团队精神。团队精神更多的是通过集体活动体现出来，因此学校可以结合其他方面的工作组织各种各样的集体活动，让学生充分参与，体验团队精神的重要。像各种球类比赛（特别是足球、篮球比赛）、接力赛、各种科技制作比赛、拔河比赛、合唱比赛乐队演奏等等都需要大家团结互助、齐心协力才能够做好，而不是靠个人的努力可以做到的，如果各自为政，各吹各的调，那是不可能完成的。在这样的活动中，学生就会亲身体会到集体的作用，体会到团队的精神。

最后，要组织学生参观现代企业或是公司，让学生充分感受团队精神的重要。现代企业分工越来越复杂，越来越精细，可以说现代社会中的任何一件产品，大至火箭、飞机，小到纽扣、手机，从设计到加工甚至是设计和加工的每一个环节都需要多个部门或者多人的通力合作才能完成，要是其中某个部门、某个环节出了差错，整个的产品就成了废品，真正体现了需要精诚协作的团队精神。如果我们能够有计划地安排学生到当地的企业的各个部门、各个车间参观，了解其生产过程和工艺流程，学生就会亲身感受到团结协作的重要，从而增强他们的团队精神。

总之，诚信和团队精神作为个人发展的必备素质，作为企业发展的必要条件。学校教育担负着教育人、培养人的重任，它的终极目标是为社会培养建设人才，而高素质的人才必须具备诚信意识和高度的团队精神。我们必须在学校教育中通过各种方法和途径让诚信和团结协作精神植根于每一位学生的心田，使他们“言必行，信必果”和具有高度的团队精神。

团结协作注意角色定位

每个人的生活都离不开团队，因为，每个人都生活在团队之中。青少年生活在家庭这个相对比较特殊的团队中，学习在学校、班级这个很普遍的团队中，在其他的社会生活中，他们还会存在于各种各样的团队中。那么，在这些团队中，他们扮演的又是怎样的角色呢？

主导者：处事冷静的领导

喜欢带领团队，采用民主的方式并希望所有人都会参与，但你亦知道何时需要握回大权。达到团队目标是非常重要的，会对工作列出优先次序并确定所有队员对自己的角色有非常清晰的认识。

决策者：精力充沛、意志坚强的领导

喜欢支配团队的工作方式，希望队员依从自己的指示，作的决定是果断的及实际的，并会非常坚持自己的意见，认为达到目标至为重要，因此对于队员的表现要求非常严谨，不大有耐性，然而队员亦尊重他的积极性及魄力。

创新者：团队的智囊

是个充满创意的人，时常喜欢提出新意见，由于非常自信，有时候对人会欠缺交际手腕，如别人批评自己的意见，会显得不高兴，因此有时会宁愿远离其他队员，避免发生冲突。

监察者：善于监察和评核团队的表现

喜欢仔细分析意见，看看他人是否符合团队的目标及方向，处事认真及精明，因此别人忽略的问题他亦看到，由于这样，别人会觉得他很挑剔，但他往往认为这样至少可避免犯错误。面对复杂情况，我们要善于明白个中意思，从而制订最好的决策。

执行者：团队的“办事人员”

是一个实际及非常有效率的人，能集中注意力，看清楚目标、工作及成效，对于一些前卫的意见不大感兴趣，处事小心不果断，着重细节多于速度，当自己进行一项工作时，最不喜欢的是有很多临时的改动。

协调者：关心队员的需要

重视关心的是别人及他们的情绪，善于看到别人的长处及短处，当别人不开心时，会尝试去开解他们，认为彼此不应存有竞争，一个团队应像一个快乐的家庭。亦善于发掘别人的潜能，亦能够与沉默寡言的人展开沟通。

资源查探者：善于向外界求助

很有求知欲，喜欢探索团队以外的事物及其他人的工作，建立了很多联系，亦懂得善用其他人的长处。需要不断变化否则会觉得沉闷，有时会过于冲动，善于探索新方法并能说服及推动其他队员。

贯彻者：确保团队赶上工作进度

喜欢理想地完成工作，例如按时完成，否则会变得忧虑，会不断指出别人可改善的地方，令他们不会自满，因此会较集中看错误及细节，正因为这样，有时会触怒别人，但却防止了他们变得不小心、太自满或懒惰。

专业者：专业知识、经验及技能的提供者

有专业或技术上的知识，能用简单易明的方法解释复杂概念，鼓励其他人要客观地看事物，对于不明白自己的人，有时会显得不耐烦，对于别人的批评会非常留意。整体来说，是个有方向感及会为目标而奋斗的人，偶然会是颇为固执的。

独生子女如何培养团结协作能力

有两个男孩子，过去他们在幼儿园非常淘气，还比较爱招惹别人，连老师都不太喜欢他们。可过了几个月，这两个男孩子明显变了，不仅少去招惹别人，还经常帮助别人。大人们都在夸奖两个孩子，但他们不知道，就在几个月前，这两个男孩子几乎同时做了哥哥——妈妈生了老二，当然，这要付出很大的代价。

因为，他们知道自己已经有了第二角色：兄长。这可是一个天大的责任，从此有人称他们为“哥哥”了，即使那个婴儿还不会叫哥哥，可父母总会提醒他们：“这是你的弟弟（妹妹），你是他/她的哥哥……”，这就够了，从此他意识到了自己的行为必须注意，有一部分是为了弟弟或妹妹活着。他们不仅要保护弟弟、妹妹，还要给他们做出模样。

在一定程度上，他们的自我意识会因为弟弟、妹妹的出生而淡化，他们会从过去的“以自我为中心”转化为“以手足关系为中心”——而这，就是团队关系的原始萌芽。

试想，在一个公司，某人如果一切以自我为中心，什么事都强调自己的贡献、成绩，谁会亲和他/她？但如果他/她习惯于让团队分享成绩，说“这是大家努力的结果”，那么谁又不喜欢他/她？而这，就是手足关系的延伸。

但是，在现代都市里，80后或90后，95%为独生子女家庭。那么，对于没有手足关系的独生子女，应该如何培养他们的团队精神呢？

首先，让他们从小就喜欢过团队生活：家长最好每周轮换着请别的小朋友来自己家作客，每次最少不低于3人，最好有男女小朋友。家长不要花钱给他们买许多食物，好像在招待客人，而要让这些小朋友自己过家家，家长什么都不用准备，只是提供场所，不要让孩子感到有什么变化，而是一种生活习惯。

其次，家长们的任务在引导。从研究部门得出的数字表明：几乎七成到八成的家长希望孩子们有朋友，但有些家长，特别是母亲都会强调“要和学习好的孩子们接触”。然而在孩子眼中，有些学习好的不一定够朋友，有些学习一般的倒很讲义气。进一步想一想，将来孩子长大后，他们的生活圈子里不一定都是高才生，如果他们现在就形成了这种分别心，那么将来一旦遇到不那么优秀的同学或同事，自然会加以排斥，那么后果是什么？

因此，家长们不要以自己的好恶去取代孩子的选择，孩子是接纳一切的，如果没有家长的好恶干涉，孩子将来不会有那么多人际关系矛盾。试想，一个皇帝，他是不是不仅要善用人才，同时还要容纳小人？如果他的心里有那么多是非曲直，他又怎么可能管理团队和心胸开阔呢？

独生子女都比较自我，因此家长们要引导他们善于发现别人的优点，即使孩子们看不出来，家长也要有意识地去引导。在孩子眼中，不是好人肯定就是坏人，他们的思维中没有“灰色”，非黑即白。所以家长要让他们看到爸爸有时候也会犯错，妈妈也有不对的时候，家长们要主动通过聊天的方式告诉孩子。但同时要让孩子知道人无完人，也因此孩子也不必一切都好，允许孩子表达所有的真实的情感，最重要的，是家长不要因孩子的真实而发作，而要无条件接纳孩子的一切，包括缺点。这就教会孩子包容，让他们接受一个不同的世界。

最后，有意识地组建团队。培养基本的团队意识，就算长大成人，他们还会为这一段经历感到回味无穷。家长们要做的，就是提供环境，要让孩子们感到没有脱离集体，大家都是兄弟姐妹。一直到初中，孩子有能力独立学习，那种互助友爱的经验仍然会被他们带入中学，以及将来的高中和大学……如果比较顺利，将来进入社会，这份经验仍然会起到积极的意义。试想，如果一个年轻人失恋了，或工作中遇到了不如意，他们最好会有一两个知心朋友加以倾诉，而这个朋友会无条件地劝诫他/她。我们现在的成人都有这种经验：最具有说服力的朋友，一般都是老同学或发小。其实他们代替了手足关系来分担我们的焦虑，那么自己就不会感到孤独。

一个人对团体的融入能力，有时要比学历本身重要得多！特别是将来的社会，如果没有一个大家庭，没有合作伙伴，那么创业成功几乎是不太可能的。因此，培养相互信任的人际关系便显得非常非常重要，就让这些没有长大的孩子们自己实践吧，爱他们的父母们会省事得多，只要提供一个安全的环境——就像一个智慧的老板为他们提供一个发挥才能的公司，在这个大家庭里，孩子们是安全的，是自由的，也是健康的。